**"十三五"普通高等教育系列教材**

LANDSCAPE
DESIGN
PRINCIPLE

# 景观设计原理

（第二版）

主　编　郝赤彪

副主编　许从宝　解旭东

编　写　郭晓兰　金萱　刘森
　　　　程然　铁婧　孙照栋

中国电力出版社
CHINA ELECTRIC POWER PRESS

# 内 容 提 要

本书为"十三五"普通高等教育系列教材。全书共分八章,主要内容包括景观设计概述、景观设计的相关理论基础、初识景观设计、景观构成的环境要素、景观设计的过程与方法、景观设计的成果与表现、各种层次的景观规划设计以及现代景观设计的理论与实践。本书从专业基础学习出发,强调对基本概念与理论深入浅出的分析与介绍,注重对专业学习的辐射与启发作用。同时,书中提供了大量的图表资料和许多的前沿性资讯,供学生学习使用。

本书可作为高等院校景观设计、景观建筑设计、环境设计、建筑学、城市规划等相关专业的教材,也可供从事景观设计相关工作的人员参考。

## 图书在版编目(CIP)数据

景观设计原理 / 郝赤彪主编 . —2 版 . —北京:中国电力出版社,2016.8(2025.7 重印)

"十三五"普通高等教育规划教材

ISBN 978-7-5123-9457-5

Ⅰ.① 景… Ⅱ.① 郝… Ⅲ.①景观–园林设计–高等学校–教材 Ⅳ.① TU986.2

中国版本图书馆 CIP 数据核字(2016)第 132286 号

中国电力出版社出版、发行

(北京市东城区北京站西街19号 100005 http://www.cepp.sgcc.com.cn)

北京锦鸿盛世印刷科技有限公司印刷

各地新华书店经售

\*

2009 年 3 月第一版

2016 年 8 月第二版 2025 年 7 月北京第十五次印刷

787 毫米 × 1092 毫米 16 开本 8.75 印张 212 千字

定价 42.00 元

# 前　言

　　本书自 2009 年出版以来受到广大师生的好评，先后多次重印，也收到不少老师的反馈意见，此次应出版社邀请进行修订再版。

　　近几年，国际、国内景观设计发展迅速，景观设计研究的重点领域与实践逐渐由城市公园、地产配套景观拓展到整个城市绿地系统的规划建设、城市开敞空间的构建、城乡工业遗址和废弃地整治、生态修复和景观生态重建等多个领域。景观设计未来的发展方向已在以下两个方面表现明显：①兼容并蓄古今中外优秀造景理论与手法，创造一个丰富的含有"多义性"的现代景观；②注重景观生态理论与生态工程技术、材料和新技术的应用。行业领域的拓展与景观未来的发展方向对景观设计的教育教学、学生综合能力素质提出了更高要求。

　　本次修订紧扣学科、行业的发展方向，所做的工作主要包括以下几点：一是在景观设计理论基础中增加了中国古典园林相关理论；二是在现代景观设计的理论与实践中增加了关于生态修复和景观生态重建方面的案例与知识；三是对上一版书中文字和图片的部分瑕疵进行了修正。全书保持了第一版的基本特色，在注重最新理论方法引介探讨的同时，突出案例的分析和介绍，注重图文并茂，为高校景观设计原理课程的开设提供了更好的教材依托。

　　由于本书修编时间较短，书中难免有不足甚或谬误之处，希望广大读者提出宝贵意见，以使本书在不断修订完善中，进一步成为景观设计专业学习、教育的有效服务者。

编　者

2016 年 4 月

# 第一版前言

尽管景观建筑学（Landscape Architecture）作为一门学科或是一个专业，始于奥姆斯特德（Olmsted）于 1858 年创立这一专用词，但人类对其栖居环境的美化与改造，几乎与人类自身的发展历史一样久远。因而，现代景观建筑学在其"美化、改造人类栖居环境"的主旨上，与人类自古代开始的环境改造活动并无二致，只是在整体现代科学与技术的支持、引领下，这种对栖居环境的改造活动被提升至一个新的高度，即作用范围更广，视野更宽，层次更高，更多的理性研究与成果应用。其结果，景观设计一方面逐渐远离对环境改造与美化的直接性（例如古代原始美化冲动的直接实现），转而变得更加曲折与复杂，关乎于越来越多的学科、领域。另一方面，在其变得"科学化"、"体系化"的同时，也变得更为"细化"（detailed），景观建筑学界的内部各种分野逐渐呈现，在我国最为突出的表现为农业、林业、建筑、城市规划以及其他相关院校均设立有景观建筑设计（或相关）专业，从不同的方向、以不同的方式培养专业人才。就目前我国尚未真正在本专业教育一般性要求方面达成共识的现状而言，一种担心是必要的。同为景观建筑设计专业的毕业生，在对所要改造环境的整体认知、分析与寻找发现有效改造方式等专业技能方面，将会存在较大差异。亦即他们的专业知识与技能可能也同样被"细化"（fragmented）而缺乏整体性。尽管林业院校是我国景观设计相关专业的开先河者，尤其在植物造景方面具备强大优势，尽管建筑与城市规划院校在人类栖居环境改造方面处于良好的综合调配位置，尽管其他环境艺术相关院校在环境小品及构筑物配置方面拥有丰富经验。

吴良镛先生在其创立的"广义建筑学"理论中，将建筑学置于更大的系统中，考察建筑学概念扩大的必要性与关联域。吴先生指出，"人们应当以地区的概念指导城市的规划与设计，以城市设计的概念指导建筑与园林的规划设计，以城市设计的概念指导建筑与园林的规划设计；另一方面，反过来以微观环境的研究逐步上溯，深化规划设计的科学与艺术。如此反复不已。这样的方法，我们拟称之为广义环境设计方法。"在这种系统性的考察中，建筑学不能仅是"建筑学"了，而由此建立的"景观建筑设计"概念，便也应该从更高的系统层级，将更多周边相关知识领域涵盖其中才能完整，也才能从其所处的环境中得到自身发展的"营养素"；同样，在景观设计的学习中，也应当将景观环境置于其所在的城市地段等更广阔的背景中思考、分析，以景观设计及其相关的知识为工具展开专业工作。

基于上述认识，本书试图以一种体系化的方式，在深入浅出地导入景观建筑设计及其环境对象基本原理的同时，努力以"整个人类栖居环境的改善"这一整体观念作为指导，不断关联这一专业所应涉及的知识领域，力求弥补因专业设置的院校背景不同所可能导致的知识学习缺陷；而景观设计的整体观，则始终被当成全书编写的基本观念。通过本书及相关环节的学习逐步建立这种整体观，是本书始终的潜在追求。换言之，通过对景观设计不断学习和了解的过程中，逐渐建立一种整体的"景观设计观"同样重要。

本书名是《景观设计原理》而非《景观建筑设计原理》，其理由是在目前我国学界，"景观设计"一词虽然不具有"景观建筑设计"的"正统性"与"规范性"，但却恰恰可以包容国内各院校彼此相关却又不同的景观设计专业设置。在这一点上，《景观设计原理》的题名如同书中内容，都是为了适应不同院校不同侧重的培养方案要求，甚或弥补其中教学的某些潜在缺陷。

由上不难看出本书的主要特点在于，将景观设计置于"人居环境改善"这一更广阔的背景中来分析和认识，从而使景观设计关联于更丰富、活跃的知识体系中。也使本书在介绍景观设计相关的各种基本概念、方法、知识领域的同时，逐渐引导学生建立更科学、有效的景观设计整体观念。另外，本书在编写过程中，注重景观设计专业一、二年级学生这一明确的读者对象，在强调编写内容科学性的同时，突出强调以下方面：

（1）强调内容的可读性，深入浅出，以简明易懂的方式说明景观设计相关的一些抽象、感性和复杂的问题。

（2）为了使各部分内容重点突出，各章前均设有"重点提示"，以方便形成更好的理解和在略读时迅速形成对全书整体脉络关系的把握。

（3）书中结合学生所处学习阶段提供了大量图表，主要目的是在更好说明设计相关问题的同时，为读者提供其亟需的学习甚至描摹的素材，使本书摆脱原理类书籍只抽象说理的特点。

（4）突出本书的"原理"定位，将内容设定为与各类院校专业教育背景关联较弱的原理性分析与引介，使本书适应对象更广。

（5）在全书，特别是最后的第八章中，注重强调专业学习的发散性，努力为学生提供更多的可参考资讯，使本书成为一扇导入广阔专业视野的大门。

本书由青岛理工大学建筑学院院长郝赤彪教授任主编，由青岛理工大学建筑学院许从宝、谢旭东任副主编，参加编写的有青岛理工大学艺术学院郭晓兰，青岛理工大学建筑学院铁婧、皮印帅、姜国梅、孙照栋、李方民、袁鹏、王媛媛，山东艺术学院设计学院金萱。山东工艺美术学院建筑与景观系邵力民老师曾为本书编写做出过悉心指导，谨致谢忱！

由于本书编写时间较短，加之编者水平有限，故书中难免有不足甚或谬误之处，希望广大读者提出宝贵意见，以使本书在不断修订完善中，真正成为景观设计专业学习、教育的有效服务者。

编　者

2009 年 1 月

# 目　录

# 第一章

# 景观设计概述

**重点提示** 本章主要针对景观设计领域进行一般性的介绍，其内容围绕景观、景观设计师、景观设计学科三个重要概念及其相关的发展变化展开。这三个概念的相关介绍，构成了景观设计的关联领域，学习重点在于对这一关联领域形成综合的认识。

## 第一节 景观设计的基本认识

### 一、景观的概念

"景观"（landscape）一词最早由地理学界提出，指的是一种地表景象，或综合自然地理区，或是一种类型单位的通称，如城市景观、草原景观、森林景观等，并且有风景、景致或景色之意。它是具有艺术审美价值和观赏休闲价值的景物。

在西方，"景观"的概念最早与风景画有着密切的联系。到了17世纪左右，景观成为绘画的专门术语，专指陆地风景画（图1-1）。

1858年，美国的社会活动家兼设计师奥姆斯特德（Olmsted）首次提出景观建筑学这个概念。1885年，J·温默将景观引入到地理学的概念中。19世纪初，德国自然地理学家洪堡德和原苏联景观地理学派库恰耶夫等人的学术思想中也有了类似的概念。从此，景观一词开始作为一个专业名词广为传播，并具有类似现在"景观"一词的含义。在我国艺术史上，"景观"与中国山水画和中国园林艺术有着密切的联系，包含了丰富的内涵（图1-2）。

图1-1 布上油画《透过三个拱券看罗马》

图1-2 中国山水画

　　景观作为一个专业名词，从艺术的角度来说，是指具有审美价值的景物，能够使观察者具有视觉、听觉和触觉等多方面的美的感受；从精神文化的角度来说，是能够影响和调节人类精神状态，能够促进人类社会和谐，提升人类生活品质的事物；从生态的角度来说，是能够协调人类和自然之间的生态平衡的景物。景观的表现形式也是多种多样的，小到公园的座椅（图1-3）、小区的道路，大到城市的广场（图1-4）、海岸等都是景观。在日常生活中，能够给人以美感的事物都属于景观的范畴。

图1-3　公园小座椅

图1-4　城市某广场一角

## 二、景观设计的概念

　　刘滨宜教授认为景观设计是一门综合性很强的、面向户外环境建设的学科，是一个集艺术、科学、文化、工程技术于一体的应用型学科，其核心是对人类户外生存环境的设计。所以景观设计涉及的专业极为广泛，包括城市规划、建筑学、林学、农学、地理学、经济学、生态学、管理学、宗教文化、历史学及心理学等。

　　从广义上来说，景观设计就是从大规模、大尺度上对景观进行分析、设计、管理和保护，其核心就是对人类户外生存环境的建设。通过设计与改造，可以使人类与自然的关系不断改善，创造一种文明的生活方式，来帮助人类重新发现与自然的统一，例如国家对自然风景区的保护（图1-5）和对生物多样的湿地的保护即有此作用。广义的景观设计概念是随着人类对自然和社会的认识不断发展和完善的，所以它的内涵和外延也处于不断发展变化之中。但就现在而言，景观设计主要包含规划设计和具体空间环境设计两个方面。其中规划设计包括：场地规划（图1-6）、土地规划、控制性规划、城市设计和环境设计。具体空间环境设计就是我们所说的狭义景观设计。

　　狭义的景观设计就是通过科学和艺术的手段，对景观要素进行合理布局与组合，在某一区域内创造一个具有某一形态或形式、较为独立的、具有一定社会内涵和审美价值的景物。它的主要要素包括地形、水体、植被、建筑、构筑物以及公共艺术品等。主要设计对象是户外开放空间，包括广场（图1-7）、步行街、居住区环境（图1-8）、城市街头绿地以及城市滨湖、滨河地带等。设计的目的不仅要满足人类的工作、生活、游憩需要，还要提高人类的生活品质和精神需求。

图1-5 泰山风景区

图1-6 某场地规划设计

图1-7 广场设计

图1-8 某小区绿化

## 三、几个概念的比较

### （一）景观设计和造园

总体上来说，景观设计是一门综合性很强的新兴学科，涉及的领域很广，景观设计的目的就是通过对景观进行科学分析、设计、管理、改造、保护和恢复，并借助于艺术的手段对景观进行美化处理，以满足人们的物质需求和精神需要。城市公共空间、风景区，甚至整个城市或区域的绿地系统和景观系统的规划与设计等，都是景观设计的内容。因此景观设计服务的对象众多，设计内容比较复杂。相比较而言，造园设计的对象只是园林环境，涉及范围比较狭小，服务对象和设计所产生的影响力也都比较有限。准确地说，景观设计源于造园，但随着社会的发展，景观设计已经从造园分离出来，并与原来的造园概念不同。在现代，景观设计是交叉型的新兴学科，而现在的造园可以看作是景观设计的一个分支。

### （二）景观设计和环境艺术设计

环境艺术设计的概念比较广泛，从某种意义上说，环境艺术设计应该包含对所有人工环境的设计。它作为艺术设计的一个分支，具有较多艺术创作与表现的成分，较少对人们日常性的生活需求及工程技术与管理的关注。而景观设计则是集艺术、科学、文化、工程技术、管理于一体的应用型学科，从这个意义上来说，环境艺术设计中的室外环境设计可以看作是景观设计和艺术设计两学科的交集。

## 四、景观设计专业和景观设计师

### （一）景观设计专业

1900年，奥姆斯特德（Olmsted）之子F.L.奥姆斯特德在美国哈佛大学首次开设了景观设计学这个专业课程，当时有不少拥有多种技能的设计师们投入到这个新的学科领域，这标志着景观设计专业的诞生，并通过专业教育得以广泛传播。在其后的发展中，景观设计专业纳入了规划工作内容，并逐渐从景观设计专业中派生出了城市规划设计专业。城市规划设计专业进而与景观设计专业相互联合，奠定了城市与区域规划学科，这大大地扩大了景观设计学的范围，从而形成了建筑、景观设计、城市规划相互联合的局面。到19世纪20年代，美国哈佛大学的景观设计学科已成为其他院校效仿的对象，并使景观设计在全世界范围内得到了推广。

景观设计专业是一个内涵极其丰富的专业，它具有将建筑设计、市政工程、城市规划、环境设计及管理相融合的特点。进入21世纪以来，怎样实现人类与环境之间的平衡关系，怎样合理地利用土地，成了整个人类最重要的话题，在这些复杂问题的解决中，景观设计专业扮演了重要的角色。景观设计专业在新的世纪里是一个充满生机、前景广阔的专业，但这一专业在我国仅有较短的发展历程，专业人才稀缺，专业教育严重滞后。

### （二）景观设计师

景观设计师（landscape architect）是以景观规划设计为职业的专业从业人员，他的专业目标是使建筑、城市和人的一切活动以及地球环境和谐相处。

景观设计师的称谓由美国景观设计之父奥姆斯特德（Olmsted）于1858年非正式使用，1863年被正式作为职业名称。当时奥姆斯特德坚持用景观设计师，而不用在当时盛行的风景花园师（又称风景园林师，landscape gardener），这不仅仅是职业称谓上的创新，而且是对该职业内涵和外延的一次意义深远的扩充和革新。

景观设计师有别于传统造园师和园丁、风景花园师（又称风景园林师）的根本之处在于：景观设计职业是大工业、城市化和社会化背景下的产物，是在现代科学与技术（而不仅仅是经验）基础上发展起来的；景观设计师所要处理的对象是整个人居环境，绝不是其中某个层面（如视觉审美意义上的风景问题）。景观设计师的所面临的问题是土地、人类、城市及土地上所有生命的安全、健康及可持续的问题。建立一种融入当下社会形态、文化内涵、生活方式，面向未来的更具人性化和多元综合特征的理想生存环境，这是新时代赋予景观设计师最重要的义务和责任。

## 第二节 景观设计的缘起和变迁

## 一、国外景观活动概述

### （一）原始时期的景观改造活动

在人类条件极其简陋的原始社会，人们居住在洞窟里，并将对周围环境的感知刻在洞壁上成为壁画。新石器时代，人类开始以村庄形式聚居，在聚居地，为了防止迷失方向，原始人设置了标志性物体作为引导，即地标（图1-9～图1-11）。地标的出现在原始聚居地的改造活动中具

图1-9 埃及金字塔

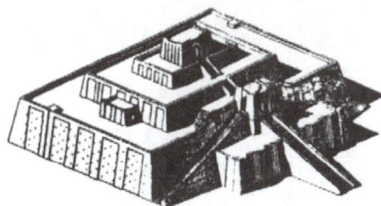

图1-10 古巴比伦城

图1-11 英国威尔特郡的史前石环

有里程碑的意义。后来，原始人又建立了防卫型建筑物或构筑物，这类具有防御性的构筑物同时也具有地标的功能。

随着财物的积累和积聚，以及生产关系的变化，带来了等级关系，形成了统治和被统治的阶级分化。统治者自占某块地，并建立坚固的围墙以保证自己的利益，正所谓"筑城以卫君，造郭以守民"。这种阶级分化，为更大规模的聚居地环境改造活动，提供了人力、物力支持的可能，埃及金字塔的建造即为一例。

生活在各种威胁之下的原始人，身临变化莫测的自然现象，却不知如何解释，宗教信仰和宗教活动便应运而生。宗教活动在聚居生活中占有非常重要的地位，通常设置在聚居地重要的中心位置，从而也构成聚居地景观环境的核心，我们从今天的广场和纪念碑的形态特征，也可看出原始宗教场所的景观特征。

（二）古代社会的景观活动

地处西非的古埃及是欧洲文明的摇篮，也是人类文明最早的发源地之一，其文明史可上溯到公元前4000多年。在埃及，作为王者墓冢的金字塔群是埃及残留的文化遗迹中最为雄伟壮观的人类景观构筑物。在古巴比伦，遗址已无处可寻的空中花园曾是美索不达米亚地区最为壮丽的景观。

古希腊是欧洲文化的发源地，受中东和埃及的影响加上自身环境条件的特殊性，这里成为欧洲公园和庭院的发源地。在古希腊，为了重要的防卫作用，聚居地通常建在高地，所以现存的希腊人工景观遗址大多是卫城，其中最有名的就是雅典卫城（图1-12）。由于当时希腊民主思想盛行，城市中产生了很多公共性空间，圣林就是非常重要的一个（圣林就是神庙

图1-12 希腊雅典卫城

和周边的树林以及雕塑等艺术品形成的景观）。在古希腊，人类就已经建立了体育场，后来，这种运动场对外开放，最终发展成了与现代公园相似的开放活动场地。

古罗马是欧洲文明的传播者和集大成者。在公元100年，古罗马帝国已经成为一个历史上罕见的强大帝国，在它的版图内聚集了多种民族和风土人情，也同样建成了多样性的景观，维特鲁威所著《建筑十书》就是当时景观发展的旁证。由于当时贫富差距已很大，富人们已经有能力拥有自己精心设计的庭院了。当时的城市建设中，广场建设是非常重要的一项，广场建设发展经历了从简单开放场地到有完整、围合空间的过程。

### （三）文艺复兴时期的景观活动

随着欧洲资本主义的萌芽，生产技术和自然科学的巨大发展，思想文化方面也突飞猛进，于是以意大利为中心的"文艺复兴运动"开始了。在文艺复兴的影响下，城市建设、建筑、景观设计，都上升到了一个新的高度。在文艺复兴的中心意大利佛罗伦萨，很多富裕的新兴阶层成了这座城市的主角，他们对城市景观活动提出了新的要求。建筑师、理论家阿尔贝蒂重新审视了维特鲁威的城市理论，主张应从城市的环境出发，因素合理地考虑城市的选址和布局。与此同时，富有阶层大量建造私有别墅的行为，刺激了园艺学的发展。这一时期的城市景观杰作中最著名的就是威尼斯水城，其城市景观、自然景观都以河流为线索串联起来，一切都显得和谐统一，圣马可广场更成为世界上最卓越的城市开放空间。16世纪下半叶，随着人们审美观念的转变，在设计上出现了和严谨的古典样式相对照的巴洛克风格，即追求烦琐的细部表达，追求豪华感，打破整齐划一的形式，追求运动的充满戏剧色彩效果的风格。其中最为突出的实例是米开朗基罗的卡比多广场（图1-13），广场庭院设计中有独创营造手法的水景和造型多样化的喷泉等。

图1-13 卡比多广场

### （四）16—18世纪法国的景观发展

法国政治文化的中心是巴黎。15—16世纪，法国因几次入侵意大利北部，因此也接触到意大利文艺复兴文化并受其影响，在建筑风格上，古典主义和巴洛克风格相互交迭。17世纪60年代卢浮宫设计竞赛中，法国宫廷放弃了大名鼎鼎的贝尔尼尼的巴洛克风格方案，而采用了勒伏（Louis le Vau）、勒勃亨（Charles le Brun）等设计的古典主义作品，这一事件象征着法国古典主义建筑的胜利，而卢浮宫东立面，也就成了法国最伟大的古典主义作品和那个时代的见证。在16世纪末和17世纪初的法国庭园设计中，庭院的风格和细部表达仍是意大利风格的延续。17世纪的法国，仍然有很多园林表现了人们对巴洛克风格的偏爱，通过喷泉、灌木来表现一种透视和运动的态势。与意大利不同的是，法国很多园林在设计手法上更加统一和细致，他们将花卉和植物组成的图案运用真实的植被材料装饰在庭院的中央。这一时期对后世景观设计影响最大的应当数17世纪法国勒·诺特式造园风格的形成。法国的景观设计在意大利的影响下延伸出自己特有的风格，这种风格代替了意大利台地园而成为欧洲景观设计的典范（图1-14）。

### （五）18世纪英国的景观建设

18世纪之前，英国设计师已经开始大量运用法国式的严整几何构图，并强调具有本国特色的大草坪和砾石铺成的步道。18世纪之后，人们将目光转向了自然风景，他们对自然风景的偏爱也直接影响到设计风格。英国式自然风景园林的兴起和发展加速了英国景观从古典主义向浪漫主义的转化（图1-15）。其代表人物是被尊称为"现代造园之父"的威廉姆·肯特。他创造了一种综合的设计手法，这种手法后来演化成很多相异的流派。布朗（Brown）继承和发扬了威廉姆·肯特的自然风景式园林，并将其变得更为理性。与此同时，以威廉姆·吉尔平（William Gilpin）为首的一些景观设计师和许多新英国学派园艺学校的

图1-14　16－18世纪法国庭院风格

图1-15　英国自然式园林

拥护者严厉抨击了布朗的自然美学，认为布朗的设计和规则几何形同样不自然，他们认为景观设计的目标是通过各种手法来唤起人的各种视觉感触。这种思潮的撞击导致了在18世纪的一些园林作品中出现了很多中国式和哥特式的元素，诸多流派糅合一体成为一种非常流行的风格。这种风格1760年后就在英国销声匿迹，但是在欧洲其他国家却受到了欢迎。欧洲的景观设计流派在这一时期已经朝多元化的方向发展，并且在各种美学倾向和地域性的基础上，也有了世界化的倾向。17世纪至18世纪欧洲兴起的中国学派景观热就是其中较为突出的一例（这里所谈到的中国学派主要是17、18世纪中国同时代的景观作品和风格被介绍到欧洲）。介绍和传播中国园林美学过程中最为重要的人物是威廉·钱伯斯（William Chambers），他在一篇题为《寺庙、房屋、园林及其他》的文章中写道，中国园林的艺术精华是师法自然，范本就是自然，目的是要模仿自然的不规则之美。他所提倡的自然化、不规则、浪漫的园林风格在后世的英国影响甚广。

### （六）近现代景观活动的发展

18世纪晚期，世界贸易的高速发展和旅游热的兴起，使各个国家都充满了多种风格的建筑物，同时，在欧洲也兴起了一种在景观设计中追求异国情调的潮流。在此之前，很少有园林会大量地运用花卉植物，当园艺科学发展相当成熟的时候，园林里就出现了很多形态各异的花卉。

和欧洲相比起来，在地球另一端的北美洲装饰性园林发展得相对缓慢，整个景观设计还

处于较为质朴的阶段。直到19世纪后半叶，才出现了以中央公园为代表的现代景观设计。美国现代景观设计的代表人物是奥姆斯特德，他主持设计的一系列景观设计项目都成为现代景观设计的典范，例如布鲁克林的希望公园、芝加哥的城南公园、圣路易斯的森林公园、圣弗兰西斯科的金门公园，以及波士顿的福兰克林公园。不仅如此，美国还使景观设计从一个实验性初步设想阶段，一跃成为具有确定意义的新学科。

## 二、中国景观活动概述

### （一）中国古代景观活动

中国古代景观活动历史悠久，造园艺术源远流长，早在周武王时期就有建宫苑的活动。而中国古典景观活动受到中国传统哲学思想的影响比较大，没有局限于对自然景观的简单模仿，而是从自然景观要素中提炼和升华，创造一种"天人合一"的意境。中国的传统景观主要体现在园林和城市两个方面。

#### 1. 中国古典园林

图1-16　上海豫园

中国古典园林是由建筑、山水、花木等组合而成的综合艺术品（图1-16，图1-17）。从其构造上看，主要是在自然山水基础上，辅以人工的亭、廊、楼、阁等建筑，以人工手段效仿自然。在园林设计中透视着不同历史时期的人文思想，特别是诗、词、绘画的思想境界。从其创作手法上看，中国古典园林最主要的特征就是写意，除了在描绘一种诗情画意外，也非常注意各种景观要素的高低疏密、实中有虚、虚中有实、曲折变化、抑扬顿挫、生动空灵、形式多样。其中仙境、禅意、人格化山水是中国园林的造园要素；象征、写意、掩藏与借景、曲径是中国园林的造园手法。在与自然的关系方面，中国的园林同中国的风水理论一样始终贯穿"天人合一"的思想，着眼点在于人、建筑和自然之间的关系。这些理念都表达了先人对环境的认知和感受，对自然的尊重，以及与自然和谐相处的朴素自然观。

关于园林建造的最早记载是在殷纣王时期，秦王朝时期建造了许多皇家园林"苑囿"，从魏晋南北朝到隋唐时期又提倡以自然美为主的山水园林。宋朝和元朝的山水园林和私家园林走向成熟，并出现了别具风格的文人写意园。到了明清时期，大量的皇家园林和私家园林的建设使中国的园林发展进入一个高峰期。成熟的造园理论和高超的创造手法使中国园林营造出一种幽雅高超、清新灵动、超凡脱俗的艺术境界。它在中国景观设计史上的地位是举足轻重的，当时的造园方法甚至推动了西

图1-17　苏州拙政园

方传统园林的发展，即至如今，中国古典园林仍是中外学者研究、学习的重要对象。

### 2.中国古代城市景观

中国古代的城市发展可分为两大类型。一类是按照统治阶级的意图而建立的城市，这种城市一般格局比较整齐有序，强调左右对称，分区明确，街道宽大，绿化及排水系统均比较完善。如东汉洛阳城和明清时期的北京城。另外一类是由于经济和政治地位在原址上不断发展和扩建的城市，这类城市布局不方整，有一定的自发性。除了城市公共空间外，中国古代城市中以自然地貌和人工构筑的环圈状线性元素（城墙、沟堑等城防设施）贯穿城市的边界区域，城市生活非常丰富。从景观角度来说，城市边界区域往往有清晰界定的实体形象，是城市商业文明发展活跃的地区，而且具有大量的自然景观和人文景观资源。中国古代城市景观的发展，因其浓郁的地域人文特色而成为世界范围内风景文化活动的瑰宝。

### （二）中国近现代景观活动

随着园林学科的发展，我国建造了许多森林公园、风景名胜区、自然保护区或国家公园的游览区以及休养胜地。20世纪70年代末，我国实行了改革开放政策，结束了"闭关锁国"的状况。在这种历史条件下，出现了中国的造园师在海外建造中国古典园林的现象，在近30年不断得到发展。如以国家或地方政府的名义参加国际园艺或博览会建园，或承接国外政府、社会团体或私人建园等，中国古典园林的造园思想得到了更多的传播。在当前面对西方思潮的冲击，中国的现代园林景观设计需要挖掘古典园林的多层面意义，把中国的古典园林造园手法、空间布局形式、造园要素以及文化等，应用到更广泛的领域，在全面吸收与继承古典园林美学成就的基础上，更加开放与自由，艺术手法更具创新性。中国的园林设计要以自己独特的形式和内涵，形成自己独特的艺术风格，在世界园林设计中独树一帜。

## 第三节 景观设计的学科简史

### 一、现代景观设计的产生

19世纪以来，科学技术的飞速发展给人类的生活带来巨大改变的同时也给人类所赖以生存的自然环境带来了巨大的破坏。西方工业化迅速发展的同时，人们的居住环境日益恶化，大多数人生活在极其恶劣的生活环境中。在这种状况下，郊区和村庄逐渐成为人们向往的地方，因为那里有更加美丽健康的环境。

在美国，类似的情况也在发生，城市开敞空间日益减少，郊区的美好风景吸引了大批城市居民涌入。就是在这种力求改善人类生存环境的背景下，在19世纪的自然主义运动中，美国出现了以纽约中央公园为代表的现代景观设计（图1-18），设计者是美国现代景观设计的创始人奥姆斯特德（图1-19）。他极有创造力地在喧嚣的城市中开辟出一片绿地，供人们进行休闲、娱乐等一些户外活动，得到了公众的赞赏。当公园被看作促进城市经济建设和提供市民良好休憩条件的载体后，美国开始大力

图1-18 纽约中央公园鸟瞰图

图1-19 奥姆斯特德

提倡城市公园建设运动，奥姆斯特德成为这场运动的领导人，他和他的儿子以及追随者们，在美国的早期城市规划设计中设计了一系列城市公园和景观绿地，这一系列设计为美国城市的空间形态发展开了先河，并大大影响了其他国家的城市景观设计。这些成功的实例也成为现代景观设计学科的典范。在他的影响下，景观设计开始作为一门学科成为人们学习的对象，也在改善人类生存环境方面的作用方面不断受到人们的重视。总的来说，欧美的城市公园运动拉开了现代景观设计的帷幕，其中所设计的公园不再仅仅为少数人服务，而是为大众服务，成为供人们休闲娱乐的活动场所，这在城市景观的功能上也是一次重大的革新。由于景观设计所服务的对象众多，所涉及的范围比较广泛，就要求它要考虑更多的因素，包括功能与使用、行为与心理、环境艺术与技术等方面。并且对景观环境的研究也不能只是停留在细部风格上，而是要纳入到城市规划和城市设计中来考察，于是景观设计开始作为一门综合性的学科出现，并逐渐成为人们关注的焦点之一。

## 二、现代景观设计的学科发展

景观设计是一个发展非常迅速的新兴学科。在全世界范围内，美国走在景观设计学科发展的前列，自1858年奥姆斯特德提出了景观设计（Landscape Architecture）这一名称之后，美国景观建筑师学会（American society of landscape architec，简称ASLA）于1899年创立。从此，美国的景观设计师进行了大量的现代景观设计实践，创作了许多有代表性的现代景观作品。在大量设计实践的基础上，奥姆斯特德的儿子弗雷德里克与舒克利夫于1901年在哈佛大学开设了世界第一个景观设计专业，正式确立了其现代学科的地位。20世纪三四十年代，现代主义运动提出"形式追随功能"，这推动了当时景观设计专业教育的变革，更注重对社会问题的定位和对材料、方法的技术改进。发展至今，美国现代景观设计教学形成了社会、生态与艺术三位一体的模式，注重生态价值、社会价值和美学价值。在教学方法上，以设计课为教育体系的核心，围绕设计课培养学生的创造力，传授自然学科、工程学科、历史和艺术知识等。奥姆斯特德及其合作者的实践以及专业教育在哈佛大学的确立，使得景观规划设计师成为人居环境的主要规划设计者和创造者之一。在美国，景观设计专业仍是一个前景非常好的专业，在20世纪80年代，这一专业被列为全美十大飞速发展的专业之一。

景观设计学科在美国创立和发展之后，20世纪初便迅速地被其他西方发达国家借鉴和引进。日本、加拿大、英国、德国、澳大利亚等国结合本国的国情和文化，先后建立了各具特色的景观设计学科教育体系，并开展了丰富的景观设计实践，创造了大量举世瞩目的现代景观设计作品。其中，英国的景观设计专业发展得比较早，第一个景观设计课程于1932年出现在莱丁大学，相当多的大学于20世纪50—70年代早期分别设立了景观设计研究生项目，景观设计教育体系相对成熟，相当一部分学院在国际上享有很高的声誉。加拿大的许多大学都设有包括学士和硕士学位在内的景观设计第一职业学位的专业教学计划。所有这些专业教学计划都包含专业技术性的课程，包括规划、设计、场地工程、植物种植和建造方法等，此外还有艺术、科学和人文方面的课程。德国等欧洲国家都建立了景观设计师协会，负责制定相关的章程和规定，协调和指导景观设计实践。

近几年，景观设计从理论到实践在我国都有了一定的发展，学科教育也处在较快起步阶段。但是，与已有近百年设计发展历史的西方国家相比，我国对现代景观设计的研究起步比较晚，还远没有形成具有自身特色的景观设计理论，景观设计实践在规范性和社会影响力等方面仍有待提高，同时，与我国社会经济发展的客观实际相比，景观设计专业教育还跟不上时代发展的步伐。

## 第四节　景观设计的地位、作用和任务

19世纪以来，科学技术的发展给人类的生活水平和生活方式带来了前所未有的巨变，同时也给人类赖以生存的生活环境带来了巨大的破坏。给人类提供一个多层次、多方位的生存空间，自然生态、文化生态平衡的环境空间，气候宜人、快捷方便的生活空间已是这个时代的呼唤。随着人类认识能力的不断提高，环境意识的不断觉醒，人们开始重新审视日趋恶化的生活环境，并越来越意识到环境与人类的紧密关系和维护环境的重要性。解决社会发展和环境生态之间的关系，使各种现代环境设计更好地满足当代人的精神文化需求和物质需求成为当前人类最迫切的需求。如何解决环境与人类的平衡关系，合理使用土地等方面的问题，成为人类社会的重要议题。而景观设计在人居环境建设层面将起到非常重要的作用，它能够改变人类的生活环境质量和空间质量，能够改进人类和自然环境的平衡，并且创造高品质的生活居住环境来帮助人们塑造一种全新的生活意识。

功能目的是景观设计最直接的目的。每个景观都有各自不同的用途，不同的使用目的就决定了景观设计方案的制定及其配套的建筑和相关设施的设计。美化环境，改善人类生存空间的质量，创造人与自然、人与人之间的和谐可以看作是景观设计的最终目的（图1-20）。景观设计具有美化环境的功能，而优美的环境能够促进人和自然以及人和人之间的和谐相处，从而创造可持续发展的环境文化。合理的空间尺度，完善的环境设施，喜闻乐见的景观形式，让人更加贴近生活，缩短心理距离。这不仅能决定一个地区的品位和发展潜力，还很好地体现了一个地区的精神状态和文明程度。景观设计的另一个目的就是给人类带来最大程度美的享受。优良的景观设计，可以使杂乱无章的生活环境变得井井有条、舒适宜人，给人以美好的精神享受，并提供人们娱乐休闲、广泛交流的开敞空间。大量的绿化种植、水池设置，可以创造一个健康、舒适、安全，具有长久发展潜力的自然生态良性循环的生活环境（图1-21），可以调节人的情感与行为，幽雅、充满生机的环境使人愉悦、欣慰、满足、充满生气。景观的另一个作用是让生活在喧闹城市中的人们亲近自然，走进自然，它是衔接都市生活与自然的桥梁，同时又可以给城市提供回

图1-20　公园一角

图1-21　崂山景区　　　　李方民　摄

归自然的场所，给农村提供某种城市的精神和使用的空间职能，满足人们多元化的需求，使人们的生活活动空间更为广阔、更加自由、更加完善。

　　景观设计要依据相关的科学原理、技术要求来进行。应该在有限的投资条件下，尽可能满足社会上不同年龄、不同文化层次、不同兴趣爱好的人们的要求，创造出景色优美、环境卫生、情趣健康、舒适方便的景观空间。

# 第二章
# 景观设计的相关理论基础

> **重点提示** 本章主要关注与景观设计密切相关的各个学科之间的联系，包括生态学、环境心理学、空间设计基础及广义人居环境理论，并对相关学科及其与景观设计的关系进行介绍。学习本章的目的是对景观设计的相关理论进行必要的铺垫，并且为加深对景观设计的了解提供必要的理论提示。

## 第一节 综 述

景观设计以创造美好的人居环境为最终目标，要从"以人为本"的要求出发，并与自然和社会紧密相关。同样，景观设计的理论基础也离不开与环境相关的理论学科。

因产生的历史和涉及各个学科领域的综合性要求，使得景观设计具有多元性的特点。这种多元性主要由自然系统因素和社会系统因素两方面构成。在自然系统因素中，生态学占据主导地位，从设计师对生态的重视到景观生态学的产生和发展，生态学中的水环境、植被、气候等因素逐渐融入景观设计中。本章的第二节将对景观生态学的概念及主要影响因素进行介绍，并简要说明这些因素在景观设计中的应用原则。

景观设计多元性中的社会因素则复杂得多，其中包括环境学、心理学、城市学及文化艺术层面上的美学、居住哲学等各个方面，涉及各个系统间关系和理论交叉。本章的第三节将着重介绍与景观设计基础学习最接近的几个基础理论，以求给大家一个概念范畴方面的广泛认识。

空间设计基础是景观设计学必不可少的理论基础。本章第四节将以环境和景观设计对空间的要求为重点，介绍一些空间设计基础理论。希望这些理论的介绍能够对景观设计的实际操作有一定的借鉴作用。

近年来，由于景观设计对人类居住和城市发展影响越来越广泛，因此就要求景观设计者具备更高层次的理论水平和分析能力。这种理论水平和分析能力，即是在更加广义的人居环境背景之下讨论的景观设计学和建筑学。因此，本章的最后一节，将着重介绍吴良镛先生提出的"人居环境理论"以及"广义建筑学"理论，以求获得对景观设计更深层面上的认识，并能更加完善地阐述景观设计的多元性。

## 第二节　景观生态学

### 一、景观生态学的概念和主要内容

从19世纪末开始，景观设计由于其对自然系统的认识而对传统生态学进行了融合和渗透。这种认识出于两个方面的需要：其一，是因为建立大都市开放空间和对自然系统保护的需要；其二，是出于对景观本身的研究和认识的需要。

生态学（Ecology）一词源于希腊文"Oikos"，原意为房子、住所、家务或生活所在地，"ecology"原意即为生物生存环境科学。生态学就是研究生物和人及自然环境的相互关系，研究自然与人工生态结构和功能的科学。由于其综合性的特点使之成为影响景观设计的重要学科。

景观生态学（Landscape Ecology）一词的概念首先由德国生物地理学家特洛（Troll）在1939年提出。他在《景观生态学》一文中指出：景观生态学由地理学中的景观学和生物学中的生态学两者组合而成，是表示支配一个区域不同单元的自然生物综合体的相互关系的分析。这一概念的提出，使景观和生态有机会联合在一起。另一位德国学者布希威德（Buchwaid）进一步发展了景观生态的思想，他认为所谓"景观"是个多层次的生活空间，是由陆圈、生物圈组成的相互作用的系统。

19世纪六七十年代，以麦克·哈格（Lan Lennox Mcharg）为首的城市规划师和景观建筑师非常关注城市规划和景观设计与人类生存环境的紧密关系，他的著作《设计结合自然》（Design with Nature）奠定了景观生态学的基础。他认为："神话、宗教奇迹和人类发明，没有谁可与自然相媲美。"在他之后，众多的景观设计师在实践中进行了多方面的尝试，不断拓展着景观生态学在设计中的影响。

简而言之，景观生态学主要研究的内容是和人居环境相关的土壤、水文、植被、气候、光照、地形条件等因素所形成的生物生存环境。

### 二、生态要素分析及其在景观设计中的作用

我们在景观设计中所涉及的生态要素大概可分为水环境、植被和气候三个主要方面。

#### （一）水环境

地球上存在着提供人类生存繁衍的五大生态圈：大气圈（atmosphere）、水圈（hydrosphere）、岩石圈（lithosphere）、土壤圈（pedosphere）和生物圈（biosphere）。其中，水是生物生存必不可少的物质资源，是构成优良景观的必须资源，除了供人类饮用维持生存以外，水资源还是农业、工业等产业必不可少的物质基础。沙漠地区气候干燥，物种稀少，不适合人类居住，缺少水资源是其中最为主要的原因之一。流经大地的河流、湖泊、小溪以及广博的海洋也形成了世界上最为美妙的风景。对于水资源物质上和精神上的依赖形成人类与生俱来的"亲水性"。

大自然中的水有自身的循环系统，水体蒸发融入空气之中，再通过降水和地面径流结合在一起。人类为了更好地利用地球水资源，进一步设计了水资源循环人工系统。给水系统包括自来水厂和市政给水管网，排水系统包括污水处理厂、雨水污水排放系统。近年来我国正在进行的南水北调工程，就是为了缓解局部水资源缺乏所带来的问题而进行的大型人工水循环系统改造（图2-1）。

不重视水资源的保护使人类受到了惩罚。过度利用使地球上很多地方水资源严重匮乏，地下水过度开采、地表下沉，地表水的污染、水生动植物物种减少等。如：意大利的历史名城威尼斯由于水体污染和地表下沉正面临着危机；英国的泰晤士河曾因工业污染而使城市景观质量急剧下降；上海的苏州河、黄浦江为挽回污染所带来的损失而不得不大力治理。

图2-1 生态水环境 李芃 摄

美国景观设计学家西蒙兹提出了十个水资源管理原则：

（1）保护流域、湿地和所有河流水体的堤岸；

（2）将任何形式的污染减至最小，创建一个净化的计划；

（3）土地利用分配和发展容量应与合理的水分供应相适应而不是反其道行之；

（4）返回地下含水层的水的质和量与水利用保持平衡；

（5）限制用水以保持当地淡水储量；

（6）通过自然排水通道引导表面径流，而不是通过人工修建的暴雨排水系统；

（7）利用生态方法设计湿地进行废水处理、消毒和补充地下水；

（8）地下水供应和分配的双重系统，使饮用水和灌溉及工业用水有不同税率；

（9）开拓、恢复和更新被滥用的土地和水域，达到自然、健康状态；

（10）致力于推动水的供给、利用、处理、循环和再补充技术的改进。

我们除了关注水资源的保护和管理以外，同样关注水体给我们带来的景观上的享受，泉水、池塘、河流、湖泊往往成为区域内景观精华所在。水环境应当是我们在景观设计上最应重视的生态因素之一。

**（二）植被**

植物在地球物质和能量循环中扮演着非常重要的角色，植物吸收水分，在充分光照下，二氧化碳和水转化成氧气和碳水化合物，这两种产物都是我们赖以生存的必需品。植物的庞大根系和繁茂枝叶储存了大量水分，木质素中水合细胞中的水可以净化空气或渗入地下含水层，所以植被往往是用来保持水土最好的自然资源。另外，植物腐烂以后形成的腐殖质和土壤结合后，增强了土壤养分，保持了土壤源源不断的生产力（图2-2）。

植被在景观设计中的作用主要有以下几点。

（1）可以改善城市小气候，调节气温，过滤尘埃、降低风速形成令人愉悦的局部小环流，增加空气湿度。宽10.5m的乔木绿化带可将附近500m内空气中相对湿度增加8%。

（2）绿化还可以吸附空气中的污染粉尘，植物对二氧化硫、氟化氢、氯气、氮氧化物都有吸收作用。

（3）防治生物污染，植物的阻尘功能可以减少很多借助空气灰尘传播的细菌，例如杆菌、球菌和芽生菌。

（4）大量植被，例如城市大型绿地和公园，可以将噪声发源地隔离开来，30m的林带可以减少噪声7dB，乔木灌木草地结合的绿地可以降低噪声8 ～ 12dB。

图2-2　行道植被和公园植被　　　　　　　　李芃　摄

（5）大量的多种植被相结合的绿地可以给昆虫、鸟类提供栖身之所。

植被除了以上谈到的这些作用以外，还能给人提供美学上的享受。植物随着季节生长凋落，花朵和叶子的颜色变化，都能使在城市中生活的人缓和工作紧张引起的精神压抑，并使他们能感受到大自然的气息。

植被是城市景观重要的组成部分，在一定程度上反映了城市景观生态状况，所以在现今城市规划中往往采用绿地比例作为城市景观状况指标。常采用的绿地指标一般有以下几种：

（1）城市公共绿地指标：反映城市绿化质量和水平，以每人平均公共绿地面积或每人平均公园面积来表示。

（2）全部城市绿地指标：指城市全部绿地，包括公共绿地、专用绿地、居住区绿化、街道绿地、生产防护绿地及风景游览区的绿地，占城市总面积的百分比以及城市人口平均绿地面积，表示城市绿化实际用地面积。

（3）城市绿化覆盖率：植物枝叶所覆盖的面积称为投影盖度，运用植物群落概念，对城市覆盖面积的统计，称为城市绿化覆盖面积，它与城市用地面积之比，称为绿化覆盖率。

（三）气候

一个地区的气候是多种因素综合作用的结果，气候受到地区纬度、地形地貌、植被、水体、大气环流、空气湿度、太阳辐射等诸多自然因素影响。另外值得注意的是人工环境对于区域气候的改变，例如城市作为一个巨大的综合人工环境，是一个巨大的蓄热体，又是个能量发射器，往往形成特殊的温度场和气流场。这种温度场和气流场有时会对人类生活造成影响（图2-3）。

景观设计中如何运用构筑物、植被、水体来改善局部微气候，使某一地域的气温、湿度、气流让人感到舒适，西蒙兹对此提出了若干条指导原则，其中主要有以下几点：

（1）消灭酷热、寒冷、潮湿、气流和太阳辐射的极端情况，这可以通过合理选择场地、规划布局、建筑朝向和创造与气候相适应的空间来完成。

（2）提供直接的庇护构筑物以抵抗太阳辐射、降雨、风、暴风雨和寒冷。

（3）根据不同的季节进行设计。每个季节的不同特点都给景观设计提供了机会。

（4）根据太阳的运动调整社区、场地和建筑布局。生活区、户内和户外的设计应保证在

图2-3 自左到右分别为夏季景观、秋季景观、冬季景观 铁瑛 摄

合适的时间接受合适的光照。

（5）充分利用临近水体的有益影响，这些水体能调节较热或较冷的邻近陆地。水分蒸发是一个制冷的基本方法，空气经过任何潮湿的表面时，砖砌的、纤维的物质或叶子都可因之而变凉。任何形式的水的存在，从细流到瀑布，在生理上、心理上都有制冷的效果。

（6）保护现存的植被，它以多种方式缓和气候问题，如遮蔽地表，储存降水，保护土壤和环境不受冷风侵袭，通过蒸腾作用使燥热的空气冷却、清新，提供遮阳、阴凉和树影，防止地表径流快速散失和重新补充土层含水，抑制风速等。

（7）考虑高度的影响。如在北半球，高度和纬度越高，气候越冷。

（8）降低湿度。一般来说，人体的舒适感觉与湿度有关，过于潮湿使人不适，并加剧其他不适感。引入空气循环和利用太阳干燥可以降低温度。

（9）景观设计选址应避免空气滞留区和霜区。

（10）景观设计选址应避免冬季风、洪水和风暴的通道。

（11）在利用消耗能量的机械装置之前，开发和应用自然界所有的天然制冷和制热形式。太阳的辐射，通过太阳能集热板为制冷补充热量和能量。风能也是一种长期行之有效的能源。

除了前文所提到的水环境、植被和气候等三个主要方面，影响景观设计的生态要素还包括岩石土壤、光照、地形条件等。在进行景观设计的时候，景观生态学对于景观设计师进行创作有很大的影响。只有首先深入了解场地内部和周边环境的生态状况，归纳总结多种生态学因素与景观创作的联系和制约，才可以动手做出好的设计（图2-4）。

图2-4 春季校园 李芃 摄

# 第三节　环境心理学及其他相关学科领域

到目前为止，我们所提到的环境心理学的研究范畴主要是涉及各种环境场所、使用者群体心理以及社会行为现象之间的关系和互动。人对环境的心理反应受多方面的影响，如文化背景、生理条件等，所以研究人对环境的心理感受可以使我们的设计更加具体和有针对性。

## 一、环境心理学概要

环境心理学是研究个体行为与其所处环境之间相互关系的学科。它主要研究环境和心理的相互关系，即用心理学的方法分析人类经验、活动与其社会环境（尤其是物理环境）各方面的相互作用和相互影响，揭示各种环境条件下人的心理发展规律。环境心理学又称为环境行为学，即是"把人类的行为（包括经验、行动）与其相应的环境（包括物质的、社会的和文化的）两者之间的相互关系与相互作用结合起来加以分析"。

我们在生活体验中可以发现，即使没有人告诉，我们也可以认知某一空间的用途，并且自觉地用某种行为去对应空间的功能。空间特性大体上有三种：滞留性、随意消遣性和流通性。心理学研究表明，在行为个体对环境认知以后，就会本能地对自己的领域进行维护，如果受到冲突和干扰，就会在心理上有反感的表示，如感到不悦。对此，我们在景观设计中要特别注意空间的尺度对人心理的影响。设计者可以通过植物、矮墙或某些构筑物来增强滞留空间使用者的私密性，也可以通过不提供适宜滞留的空间来给使用者以暗示，从而提高流动空间的效率。这里要注意的是，人与人之间过度的疏远和靠近都会造成一种心理上的不安定。人类学家霍尔（E·T·Hall）将这种空间关系以美国人为模板加以量化，分为四种人际交流的距离：密切距离（0～0.45m）、个人距离（0.45～1.20m）、社交距离（1.20～3.60m）、公共距离（7～8m）。在相应的距离范围之内，人的心理也会有所不同。

环境与空间关系中另一个重要部分就是"场所"。舒尔茨在《场所精神——关于建筑的现象学》中认为"场所是有明显特征的空间"，场所依据中心和包围它的边界两个要素而成立，定位、行为图示、向心性、闭合性等同时作用形成了场所概念。场所概念也强调一种内在的心理力度，吸引支持人的活动。例如公园中老人们相聚聊天的地方、广场上儿童们一起玩耍的地方。从某种意义上来讲，景观设计是以场所为设计单位的，设计出有特色的场所，将其置于建筑和城市之间，相互连贯，在功能、空间、实体、生态空间和行为活动上取得协调和平衡，使其具有一定的完整性，并且让使用者体验美感。

环境心理学的研究还离不开人们生活的社会环境。希腊学者多西亚蒂斯（C·A·Doxiadis）在研究人类对其聚居地的要求时发现，人的生存离不开社会。人群的聚集是社会内聚力的表现，在物质空间上体现为密度。只要有人群就有中心，中心与非中心体现在密度的差别上。此外，如果中心变得过于拥挤，人会自动地拉开距离，保护个人与小群体的私密性与领域性。公共性与私密性是人的基本需要。所有的聚居地与建筑，都是这两者间矛盾平衡的体现。在小尺度范围内，人为环境要适应人的需要；在大尺度范围内，人为环境要适应自然条件。

## 二、格式塔心理学在景观设计中的应用

格式塔心理学（Gestalt是个德文词，意为"形式"或"形状"）于50多年前由麦克斯·韦特海默（Max Wertheimer）等人首创，他们认为人的大脑里生来就有一些法则，对图形的组合原则有一套心理规律。格式塔心理学的贡献偏重于知觉理论（perceptual theory）方面，这一规律力求说明建筑中构图规律有生理及心理基础，但有一定片面性。

格式塔心理学由于其关于人和形式相关的心理研究，对于设计学科有着更重要的作用。格式塔心理学认为一切知觉对象都是一种力的结构，每一个形，都是紧张力的呈现，存在于某种特定的"力"场中，力的活动可以确定情感表现。德国格式塔派心理学家勒温（K. Lewin）采用拓扑学图形陈述人及其行为，他主张"$B=P \cdot E$"（行为等于人和环境的函数）。这里的环境不仅仅指客观环境，还指仅仅对行为有所影响的环境，即所谓的"心理环境"。格式塔心理学又称完形心理学，它认为人会很容易辨认出简单平衡和对称性的结构，并突出于周围环境。这种人所具备的能动性的完形特性，可以强化设计者的造型意图。

格式塔心理学只注意人的天生因素，而没有重视人后天的经验因素。所以后来的"结构主义"者（structuralism）又有不同的理论。

## 三、凯文·林奇的《城市的意象》

凯文·林奇（Kayin Lynch）1960年发表了《城市的意象》一书，其中体现了跨学科的知识背景，同时对研究认知地图是十分具有开创性的。他尝试了如何找出人们头脑中意象的方法，并将之描绘表达出来，应用于城市景观设计。凯文·林奇认为：一座城市也是由各种要素、各个部分，组合成一个相关的形态。城市像印刷品，两者都是可读的（legible），其中能启发人们强有力的"意象"的能力，被称为"意象能力"（imageability）。

一个人对一个城市在头脑里形成的"意象"，不论城市本身的可读性（legibility）如何，可以分析为由三方面所构成。

（1）特色（identity）：即城市有个性，从整体上与其他的地区或城市有区别。舒尔茨则把特色提高到"地点精神"加以强调。

（2）结构（structure）：即每一个个体事物能与其他事物及观察者发生一定的关系。每座城市均应有其自身特色的形态与道路结构。

（3）含义（meaning）：为了更全面地理解，含义是十分重要的。

这三方面是"意象"中的三个相互依存不可分割的部分。构成一个明确的意象不可缺少的三个方面。林奇通过把搜集到的这些意象地图与居民回答问题时的人数资料加以分析，发现其中有许多不断重复着的要素、模式，这些要素可分为五类，即道路（path）、边界（edges）、区域（distinct）、中心与节点（nodes）、标志物（landmarks）。

各要素之间的相互作用，场所、路线、领域是定位的基本图式，即存在空间的构成要素，这些要素组合起来，空间才开始形成可以测出人存在的次元。游牧民族的存在空间主要是承认领域的重要性，其领域内的认定路线的自由度很大，可是他们关于场所的概念不那么发达。农耕文明中人们是在根据场所定位的向心性封闭区域里过着安静的生活。那里路线具有朝向外界目标的方向功能。鲁道夫·舒瓦茨认为："人们在所发现的土地上安置了心中的大地，在外面的景观上叠加了心中的景观，于是两者合而为一。"

## 第四节 环境空间设计基础

在城市规划、景观设计、建筑设计、室内设计等诸多学科中，环境空间设计基础都是必须掌握的基础知识。其主要内容是空间造型的方法和原理。无论空间尺度大小，其使用者都是人，都是以人为基本模数的。所以，这些设计学科都具有相同的空间设计基础知识。多年来，以建筑师为首开展了一系列空间造型研究，成果丰硕。

### 一、点线面造型基础

景观形象给予人的感受和印象，都是以微观的造型要素的表情为基础的。

抽象派大师康定斯基在1922年完成的专著《点、线、面——抽象艺术的基础》一书中，以高度的理性精神对三者进行了丰富而详尽的论述。他那些具有奠基意义的研究成果，直至今天仍然为从事造型活动的人们提供了理论依据及造型启示。就这层意义讲，构成黑白造型表现形式的最基本元素点、线、面将是我们学习中需要探讨的重要内容。通过对这种纯粹形式要素的了解，对帮助设计者建立自觉与理性的造型思维方式大有裨益。

#### 1. 点

点是构成形态的最小单元和细胞，点排列成线，线堆积成体。事实上，我们生活的空间中是没有单独的点元素的，而在环境中，和周围的形态相比呈现出面积较小、相对集中的，我们都将其抽象成点元素。

单独的点元素会起到加强和强调那个位置的作用，具有肯定的特性。两个点往往暗示了线的趋势。如果一个平面内有三个或五个点，会产生消极的面的联想，具有松散的面的特征。如果一个面内的点密集到了一定的程度就会形成点群的性格。点群的性格主要有以下几种：

（1）大小相同的点群化时，相互严谨地排成阵列，会让人联想到严肃大方的性格，具有均衡和整齐的美感。

（2）大小不同的点群化时，产生一种动感，因为点的大小产生了透视关系，在人看来，有了空间层次，这种情况具有活泼跳动的表情，富于变化美。

（3）点群与点群之间会产生消极的面的联想，中国围棋中两组棋子之间围合的空间就是属于这种情况。

#### 2. 线

同点一样，我们生活的空间中也不存在纯粹的线元素，我们周围的物体都是由若干面组成的实体。但是，抽象化的线元素的研究对于设计非常重要。直线往往是十分确定的，粗线给人以强力、粗笨、稳重的感觉，细直线给人的感觉是神经质、敏锐和脆弱。总的来说，直线具有男性的气质。相对而言，曲线具有优雅柔软的气质。圆弧和椭圆弧等几何曲线给人以充实饱满的感觉，抛物线近于流线，有速度感。双曲线具有一种曲线平衡的美，有较强的现代感。螺旋曲线是具有渐变韵律的曲线，富于动感。自由曲线最具抒情特色，也是较难运用的一种曲线形态，需要较高的构成修养。

#### 3. 面

面是由线运动而成的，自然界中面的形很多，所以性格也较为复杂，但是我们设计过程中还是较为简单的面元素用得较多。例如：方形面给人单纯、大方、安定、呆板的感觉；圆形面给人饱满、充实、柔和的感觉，三角形面中正三角形较为单纯、安定、庄重有力，倒三角形单纯却动荡和不稳定。对于较为复杂的面，评价标准是形所含的直线成分越多越接近于直线性格，包含的曲线越多，越接近于曲线性格。

### 4. 体

体是面移动而成的，它不是靠外轮廓表现出来的，而是从不同角度看到的不同形貌的综合，立体派绘画中充分地表现了这个概念。立体的种类从大的方面可分为三类，即直线系形体、曲线系形体和中间系形体。由于人对于面是通过朝向自己的若干个面来观察的，立体的表情就是围合它的各种面的综合表情。因而立体构成规律原则上和面是一致的，它的特殊性在于人在四面移动观察一个体时会产生四维空间。

## 二、空间形式认知与操作

对于形式的认知是任何设计学科，包括平面设计、工业造型设计等所共同的设计基础，这里的认知和分析不同于日常生活中简单地看，最大的不同点在于一种抽象能力的培养，我们的观察是一种抽象的观察。形式要素的分类主要有视觉要素、关系要素和概念要素。

视觉要素主要指形状、大小、色彩、质感，这些和具体的视觉特征有关的要素。关系要素是指那些与视觉要素的编排、位置有关的要素，如方向、位置、视觉惯性等。概念要素是不可见的只存在于我们的意念当中的点、线、面、体等。在认知过程中，这三个层次的要素是互相穿插和联系的。认知和操作中思维的流向是相反的。在认知过程中，先对视觉要素进行抽象，总结关系要素，最后简化成一种抽象的概念要素，认知过程结束。在设计过程中，先在头脑中产生概念要素的组合，再用关系要素进行分析和完善，最后具体化成视觉要素，体现在具体空间中。

由于篇幅所限，我们在这里所要谈到的主要是作为空间环境设计基础的空间形式认知与分析。我们在设计过程中所操作的具体实物主要是物质材料、结构等，但是我们设计的主要对象却是空间，空间是看不见、摸不着的，怎样去认知呢？

### （一）图底关系

丹麦建筑师S·E·拉斯姆森在《建筑体验》一书中，利用了"杯图"来说明实体和空间的关系（图2-5）。

我们在观察事物时，会将注意的对象、图（Figure）和对象以外的背景、底（Ground）分离开来。主与次、图与底、对象与背景在大多数情况下是非常明确的，有时两者互换仍然可以被人明确地认知。杯图就是这样的一个例子。

我们可以用这种图底关系来分析空间和实体的关系，一般情况下我们习惯将环境实体作为图，而将实体周边的空地作为底，这样实体可以呈现出一种明确的关系和秩序。如果将图与底翻转，空间就成了图，这种情况下，我们就更容易明确地掌握空

图2-5 杯图

间的形状和秩序。

### （二）空间抽象

芦原义信在《外部空间设计》中将空间抽象为两种形态：积极空间和消极空间。所谓空间的积极性就意味着空间满足人的意图，或者是有计划性。所谓计划对空间论来说，就是首先确定外围边框并向内侧去整顿秩序的观点。相反，空间的消极性，是指空间是自然发生的，无计划性的，所谓无计划性是指从内侧向外增加扩散性，因而前者是具有收敛性的，后者具有扩散性。芦原义信举的西欧油画和东方水墨画的对比是一个很好的例子：西欧的静物油画，经常是背景涂得一点空白不剩，因此可以将其视为积极空间，东方的水墨画，背景未必着色，空白是无限的、扩散的，所以可将其认为是消极空间。这两种不同的空间的概念，不是一成不变的，有时是相互涵盖和相互渗透的。

### （三）实体、空间的加法和减法

减法转换：对基本形体进行切割和划分，由减法转换得到的形可以维持原型的特征，也可以转换成其他形。例如：立方体去掉一部分，但仍然保留作为立方体的特性，也可以逐渐被转化成多面体甚至于球体。

加法转换：通过增加元素到单个的体积上，从而得到各种规则或不规则的空间形体。

### （四）空间的限定

空间限定是一种空间构成设计的手法，指的是使用各种空间造型手段在原空间之中进行划分。学习空间限定对于进行景观设计有良好的促进作用。空间限定有多种形式，其中主要有以下几种（图2-6）。

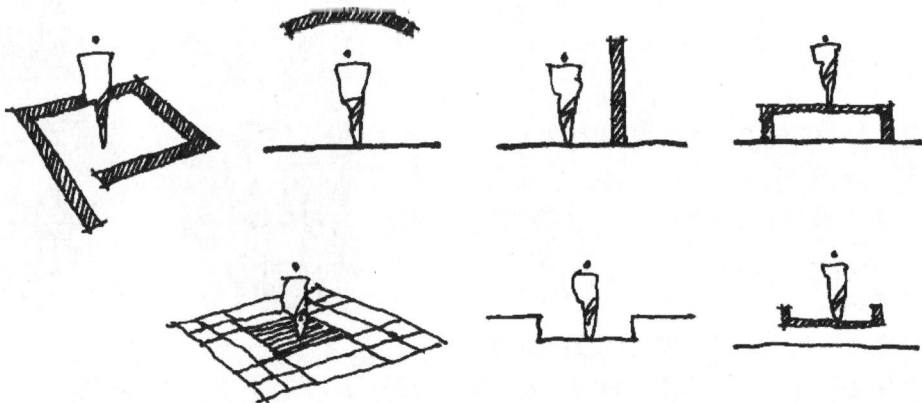

图2-6　空间限定的几种方式

（1）围合：也就是通过围起来的手法限定空间，中间被围起的空间是我们使用的主要空间。事实上，由于包围要素的不同，内部空间的状态也有很大不同，而且内外之间的关系也将大受影响。这种限定手法似乎简单，但是运用却极为广泛。

（2）覆盖：在下雨天，大街上，撑起一把伞，伞下就形成了一个不同于街道的小空间，这个空间四周是开敞的，上部有构件限定。上部的限定要素可能是下面支撑，也可能是上面悬吊。

（3）设置：也称为"中心的限定"，如一个广阔的空间中有一棵树，这棵树的周围就限定了一个空间，人们可能会在树的周围聚会聊天。任何一个物体置于原空间中，它都起到了限定的作用。

（4）隆起和下沉：高差变化也是空间限定较为常用的手法，例如主席台、舞台都是运用这种手法使高起的部分突出于其他地方。下沉广场往往能形成一个和街道的喧闹相互隔离的独立空间。

（5）材质的变化：相对而言，变化地面材质对于空间的限定强度不如前几种，但是运用也极为广泛。比如庭院中铺有硬地的区域和种有草坪的区域会显得不同，是两个空间，一个可供人行走，另外一个却不一定。

（五）空间的尺度与界面

在对空间限定的手法有所了解之后，我们要将这种抽象的手法和空间形态运用到景观设计中，景观设计中的空间和形态构成中的抽象空间最大的不同在于尺度，也就是说这种抽象的空间如果为人所用，必须以人为尺度单位，考虑人身处其中的感受。

尺度是空间具体化的第一步。一般认为人的眼睛以大约60°顶角的圆锥为视野范围，熟视时为1°的圆锥。根据海吉曼（Werner Hegemann）与匹兹（Elbert Peers）的《美国维特鲁威城市规划建筑史手册》，如果相距不到建筑高度2倍的距离，就不能看到建筑整体。而这种尺度的界限在人的社交空间中也存在，刘滨谊教授就总结了景观可见性的三大门槛：

（1）20～25m见方的空间，人们感觉比较亲切，超出这一范围，人们很难辨认对方的脸部表情和声音。

（2）距离超出110m的空间，肉眼只能辨别出大致的人形和动作，这一尺度也可称为广场尺度，超出这一尺度，才能形成广阔的感觉。

（3）390m的尺度是创造深远宏伟感觉的界限。

另外一个对于空间效果起很大作用的因素是界面的质感和肌理。前面提到，对于材料的质地、划分、质感、肌理等20m之内清晰可见，超过20～25m这些细部逐渐模糊，超过30m时就完全看不到了，距离60m以上，"面"的存在就开始成问题了。我们景观设计所用到的材料大致分成天然材料和人工材料，材料的不同质感也相差很多。我们常用的材料按其特点可分为：

（1）砌块，往往是具有一定模数的最小砌筑单位，如各种类型的砖。

（2）塑性材料，是一种不具形的粉状或者颗粒状材料，可以和液体相混合形成塑性很强的材料，可以浇筑成任何形状，如水泥、混凝土等。

（3）板材、面材，如金属板、预制板、木板等。

（4）杆材，如各种木材和型钢。

这些材料有着不同的造型潜能，如木材的天然纹理的亲切感，砖砌体可以用来砌成各种图案，钢铁的光滑和冷漠，玻璃的透明、轻巧以及多变的光线折射反射。不同界面材料纹理的运用可以使空间具有不同的性格。

造型基础和环境空间的认知与操作内容包罗万象，都是我们应在景观设计学习期间应当努力掌握和了解的基础内容。无论从细微的点、线、面，到程度较深的空间形式认知与操作，对景观设计的实践环节和设计流程都有重要的指导意义。

## 第五节　广义人居环境理论

广义的人居环境是由吴良镛先生首先在我国提出并大力倡导的理论。了解广义人居环境的目的，就是为了能够站在人类居住环境这个更高的历史层面上，去探讨景观设计的理论发展方向和人类居住的未来前景。因此，学习和了解人居环境理论对我们当今的景观设计者们和学习者们都是十分重要且必要的。本节的重点就是浅显地介绍吴良镛先生的一些学术见解，以期对理论学习有所启发。

## 一、人居环境释义

如果想了解广义人居环境理论，首先要理解人居环境的概念，并以此为基础在更加广泛的空间里对景观设计进行讨论。

吴良镛先生在《人居环境科学导论》一书中指出："人居环境，顾名思义，是人类的聚居生活的地方，是与人类生存活动密切相关的地表空间，它是人类在大自然中赖以生存的基地，是人类利用自然、改造自然的主要场所。"按照对人类生存活动的功能作用和影响程度的高低，在空间上，人居环境又可以再分为生态绿地系统与人工建筑系统两大部分。

对于"人居环境"的概念，吴良镛先生认为其具有以下一些原则和解释：

（1）人居环境的核心是"人"，人居环境研究以满足"人类居住"需要为目的。

（2）大自然是人居环境的基础，人的生产生活以及具体的人居环境建设活动都离不开更为广阔的自然背景。

（3）人居环境是人类与自然之间发生联系和作用的中介，人居环境建设本身就是人与自然相联系和作用的一种形式，理想的人居环境使人与自然的和谐统一，或如古语所云"天人合一"。

（4）人居环境内容复杂，人在人居环境中结成社会，进行各种各样的社会活动，努力创造宜人的居住地（建筑），并进一步形成更大规模，更为复杂的支撑网络。

（5）人创造人居环境，人居环境又对人的行为产生影响。

## 二、人居环境构成

吴良镛先生认为，人居环境从内容上包括了五大系统（图2-7）。

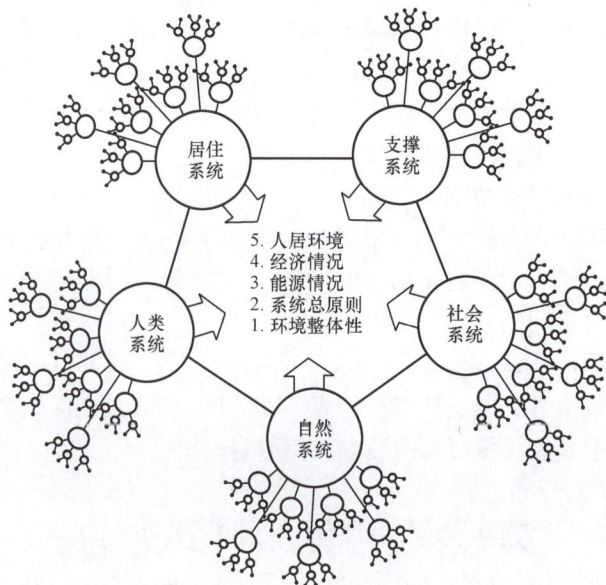

图2-7　人居环境系统模型

## （一）自然系统

自然就是指气候、水、植物、动物、地理、地形、环境分析、资源、土地利用等。整体自然环境和生态环境，是聚居产生并发挥其功能的基础，是人类安身立命之所。自然资源，特别是不可再生资源，具有不可替代性；自然环境变化具有不可逆性和不可弥补性。

自然系统侧重于与人居环境有关的自然系统的机制、运行原理及理论和实践分析。例如，区域环境与城市生态系统、土地资源保护与利用、土地利用变迁与人居环境的关系、生物多样性保护与开发、自然环境保护与人居环境建设、水资源利用与城市可持续发展等。

## （二）人类系统

人是自然界的改造者，又是人类社会的创造者。人类系统主要指作为个体的聚居者，侧重于对物质的需求与人的生理、心理、行为等有关的机制及原理、理论的分析。

## （三）社会系统

人居环境的社会系统主要指公共管理和法律、社会关系、人口趋势、文化特征、社会分化、经济发展、健康和福利等。涉及由人群组成的社会团体相互交往的体系，包括由不同的地方性、阶层、社会关系等人群组成的系统及有关的机制、原理、理论和分析。

人的社会属性决定了他们有不同的生活需要，相互之间需要进行分工协作，从事不同的活动。因此，也就需要合理组织各种生活空间。人居环境在地域结构和空间结构上要适应"人与人"的关系特点，其中包括家庭内部、不同家庭之间、不同年龄之间、不同阶层之间甚至居民和外来者之间的种种关系，最终促进整个社会的和谐幸福。因此，应当重视城市建设经济与社会管理、乡村脱贫与区域可持续发展等。

## （四）居住系统

居住系统主要指住宅、社区设施、城市中心等，人类系统、社会系统等需要利用的居住物质环境及艺术特征。

居住问题仍然是当代重大问题之一，当然也是中国重大问题之一。住房不能仅当作一种实用商品来看待，还必须要把它看成促成社会发展的一种强有力的工具。

城市被视为公共的场所，也是一个生活的地方。由于城市是公民共同生活和活动的场所，所以人居环境研究的一个战略性问题就是如何安排共同空地（即公共空间）和所有其他非建筑物及类似用途的空间。

## （五）支撑系统

支撑系统主要指人类居住区的基础设施，包括公共服务设施系统，如自来水、能源和污水处理；交通系统，如公路、航空、铁路；以及通信系统、计算机信息系统和物质环境规划等。支撑系统是指为人类活动提供支持的、服务于聚落，并将聚落联为整体的所有人工和自然的联系系统、技术支持保障系统，以及经济、法律、教育和行政体系等。它对其他系统和层次的影响巨大，包括建筑业的发展与形式的改变等。

## （六）关于五大系统的综合说明

在上述五大系统中，"人类系统"与"自然系统"是两个基本系统，"居住系统"与"支撑系统"则是人工创造与建设的结果。在人与自然的关系中，和谐与矛盾共生，人类必须面对现实，与自然和平共处，保护和利用自然，妥善地解决矛盾，即必须可持续发展。

必须说明，五种系统的划分只是为了研究与讨论问题的方便，应当看到它们相互联系的方面。例如，芒福德就曾从生态学的角度把人类看作自然界的一部分，强调生物的总体和环境的作用。地球上的所有生命一起构成一个整体，这个整体能够使得地球的生物圈满足她的全部需要，而且赋予她远远大于其他部分之和的功能。同样，一个良好的人居环境的取得，不能只着眼于它各个部分的存在和建设，还要达到整体的完满；既达到作为"生物的人"在这个生物圈内存在的多种条件的满足，即生态环境的满足，又达到作为"社会的人"在社会文化环境中需要的多种条件的满足，即人文环境的满足（图2-8）。

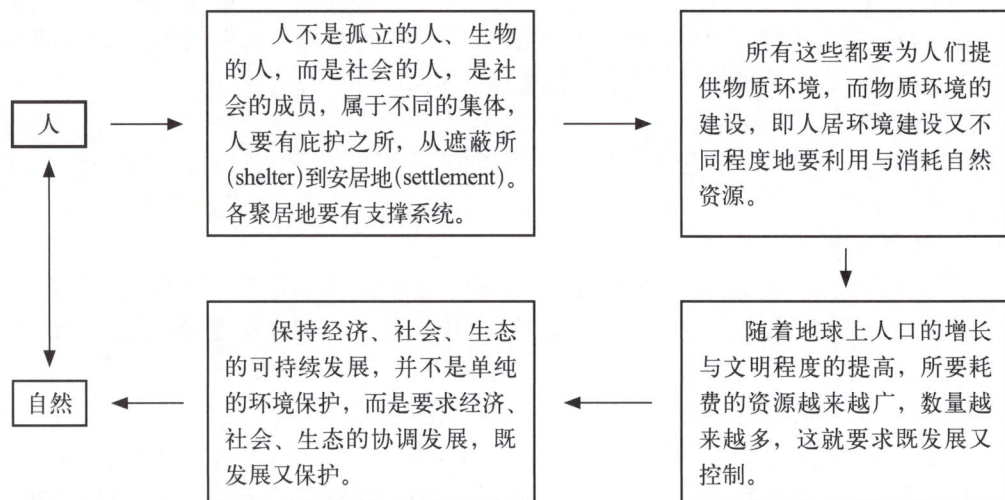

图2-8　以人与自然的协调为中心的人居环境系统

## 三、从广义人居环境的要求出发进行景观设计

从创造适宜的人居环境考虑，景观设计需要注重以下一些因素：分析居住区的朝向和风向；考虑建筑单体、群体、园林绿化对于阳光与阴影的影响，规划阳光区和阴影区；最大限度地将居住区地面作为景观环境用地；充分发挥住宅周边背景环境的有利因素，如借景远山或引水入区，创造具有山水特色的自然环境；从人居环境公共空间的使用规划来考虑，则要注意居民动态活动和静态休息不同场所的设计；注意开敞空间和半开敞空间的合理结合以及立体化空间处理手法的运用。

21世纪是人类、自然、社会协调发展的世纪。在这个世纪里，社会体制不断得到理性改革，物质财富逐渐合理分配，社会民主法制不断健全，社会道德不断升华，人际关系更加平等和谐，人们的生活方式也不断追求健康、美好和文明。在不断"调整、调试、调优"人与自然之间和人与人之间关系两大主线的基础上，人类需要更宜居的生活，就需要走可持续发展之路。而广义建筑学与人居环境科学理论对人类的可持续发展有十分重要的意义。在景观设计和建筑设计的构思和实践过程中，我们要以人居环境科学理论为指导，在更加广义的建筑学理论框架基础上，重视自然生态，重视人与环境和谐共生，从而使我们的设计达到可持续发展的总体要求。这既是对当今景观设计专业与建筑设计专业学生的基本要求，也是景观设计与建筑设计行业未来的发展方向。

# 第 三 章
# 初识景观设计

> **重点提示** 景观设计是一门综合性很强的学科，在专业学习之初，有必要了解景观设计作为一种与景观项目建设密切相关的设计实践工作，作为专业设计师所将涉及的主观设计过程，设计过程中需考虑的因素，以及与建设方、建设管理部门、景观使用者（游客）等发生关联的各种程序；同时还要了解，要成为一名合格的景观设计师所需学习的主要知识内容。通过本章学习，将为我们提供对景观设计在整体上的感性认识，从而为随后的学习作必要准备。

景观设计可以看作是通过艺术的处理方法与手段，设计、创造出优美的、人性化的空间环境，其目的是为人类创造更合理、更符合人的物质和精神需求的栖居环境。景观设计不同于绘画、雕塑、音乐等一些欣赏性的艺术，它始终与人的使用要求及工程技术密切联系在一起，可以说景观设计是集功能、艺术和技术为一体的高度综合过程。

在景观设计这样的综合过程中，景观设计师运用专业知识综合思考的过程始终是核心阶段。因此首先需了解设计的相关内容，如设计的程序、类型和设计中必须考虑的重要因素；而景观项目的设计工作，首先需要翔实的前期准备，另外还需在设计完成后，积极参与景观项目的施工以及运营管理等工作；在景观项目的整个营建过程中，尤其是设计过程中，都将涉及一系列的专业知识要求。以下将就这些方面进行详细介绍。

## 第一节 景观设计的基本程序

景观设计的程序，是指进行一个景观项目设计时，设计者从参与策划、实地勘察设计、与甲方交流思想、设计、施工、竣工验收、投入运行、信息反馈等一系列阶段工作的方法和顺序。概括地说就是设计师怎样和甲方、施工方、使用者相互交流的过程，这一相互交流过程中的行为主体包括设计师、建设方、施工方和使用者等几方面，其中最为重要、负责整体协调的是设计师。

当前，景观设计呈现一种开放性、多元化的趋势，对于景观设计师来说，每个景观项目都具有其特殊性和个别性，但设计师在进行设计时，分析和考虑问题的逻辑思维方法都有一定的相似性。我们可以总结出景观项目设计中具有普遍意义的条理性、科学性、可评价性的设计过程和方法。以下我们简单地介绍有典型代表意义的景观设计的基本流程及方法。

一般景观设计者在接受景观设计项目后，首先需要充分了解设计委托方的具体要求，然后进行基地调研，收集相关资料，对整个基地及环境状况进行综合概括分析，提出合理的方案构思及设想，然后才进入设计阶段，最终完成设计。在此，我们依据当前社会上普遍运行的实际景观项目设计程序把景观设计基本程序分为两大部分：第一阶段，景观项目设计前期阶段；第二阶段，设计阶段。下面我们分别详细介绍这两个阶段包含的具体内容。

## 一、景观项目设计前期阶段

### （一）委托

一个景观项目的设计，一般都是从建设方对设计方的委托开始的。项目开始之初，建设方和设计方要经常会晤，建设方向设计方说明自己的需求，两方共同确定设计服务的内容以确定双方之间的协议，一般要签订详细合法的协议文件。

### （二）调查研究、综合考察、现场体验

接受委托之后，景观设计师首先要理解项目的特点，对项目进行全面的研究和调查，最好准备一个准确翔实的要求清单作为设计的基础。设计师要向业主、使用者及潜在用户、维护人员、同项目的规划建筑设计人员等所有参与人员咨询协商。可以直接从政府相关部门寻求各种相关数据及资料，比如：地质测量图、航空和遥感照片、道路图、交通运输图、规划用途数据、区划图、地图册和各种规模、比例的城市规划图等数据和地图。可以参照优秀案例，吸取好的设计经验，同时要学习应用新技术、新材料、新理论和新思想进行设计创作。

在这个阶段现场体验是一个非常重要的过程。可以带着图纸现场勾画，以补充图纸上难以表达出来的信息和因素，更好地把握场地状况。可以拍摄照片，并与定位图相对应，有助于设计时回忆场地特征。同时我们需要关心场地的扩展部分，即场地边界周围环境以及远处的天际线等。想做好景观设计我们需要到现场去综合考察——用眼睛去观察，用耳朵去聆听，用心去体验。

### （三）分析

分析可简单概括为人文历史分析和自然环境分析两部分。

#### 1. 人文历史分析

包括人们对物质功能、精神内涵的需求、各种社会文化背景及社会历史等的分析。不同的民族、不同的地区及不同的文化对环境的要求都各不相同。我们在实际操作中具体要考虑分析的内容很多，例如：群体文化程度、知识结构、宗教信仰、生活习惯、民俗文化及道德法律等。青岛五四广场景观环境设计就源于青岛作为我国近代史上著名的"五四运动"导火索这一历史背景（图3-1）。

#### 2. 自然环境分析

一般包括自然生态分析及比较具体深入的场地分析。

（1）自然生态分析

自然生态对景观的格局布置和构建方式的影响不可忽视。例如严寒地区和热带地区景观设计的布局和构建要素都有很大的差异。所以我们在进行景观设计时，要对景观项目所在区位，地形、地貌、地质、气候、植物生态特性等自然生态的多方面因素进行充分考虑和分析。

图 3-1　青岛五四广场

（2）场地分析。

1）区域影响分析。

场地分析的程序通常从对项目场地在周边地区图上定位以及对周边地区、邻近地区规划因素的粗略调查开始的，然后分析场地周围地形特征、土地利用情况、道路和交通网络、休闲、体育或商贸和文化中心等，构成与项目相关的外围背景，从而确定项目功能的侧重点。同时要针对项目所在地区政府的条例和规章进行分析，记载一些限制因素，比如：土地利用密度、生态敏感区、危险区、不良地形地质等情况，分析规划的可能性及如何进行策划。

2）地形测量。

地形测量是收集资料和调查研究阶段的重要内容，基础的地形测量常规上是由注册测量师进行，由有一定资质的地质勘查测绘单位提供。景观设计师在景观设计之初，有必要对基地测绘资料进行分析研究，并到基地现场进行粗略测量、观察，设计师将地形测量图带到现场，以自己的要求补充和记录对设计至关重要的信息，通过基地的测量和观察过程可有助于设计时做出重要决定。

3）场地分析图。

设计师要对场地进行分析和评价，真实客观地收集和记录基地的实际资料。比如场地及周围建筑物位置、尺寸、植栽、土壤、排水、视野、交通道路等相关因素。其中最为主要的是通过现场考察来对资料进行补充，尽量把握场地的感觉、场地和周边环境的关系、现有的景观资源、地形地貌、树木和水源，归纳出需要尽可能保留的特征和需要摒弃或改善的场地特征。

（四）确定设计项目的总体基调

设计构思之初需要确定设计项目的总体基调，如休闲娱乐、文化教育、生态环保等不同主题基调。休闲娱乐景观一般指以提供休闲娱乐、游戏、休息、体育等文体活动为主的一类景观，例如公园（图3-2）。文化教育景观是以传播科学文化知识为主要目的景观，如文化广场、科技园区等，这类景观设计要充分考虑知识性、文化性与景观设施的有机融合。生态环保景观主要是为了保护生态平衡而设立的景观环境区，如很多的自然保护区等（图3-3、图3-4）。

图3-2 某公园一角

## 二、设计阶段

景观设计程序中最为重要的是设计阶段，它是设计师头脑中构思结论形成的过程，即设计师在进行设计时，自身对项目进行理性和有步骤的分析和决策、最后形成设计方案的过程，这是一种思维活动的过程。这一过程主要包括以下阶段。

图3-3 杭州西溪国家湿地公园

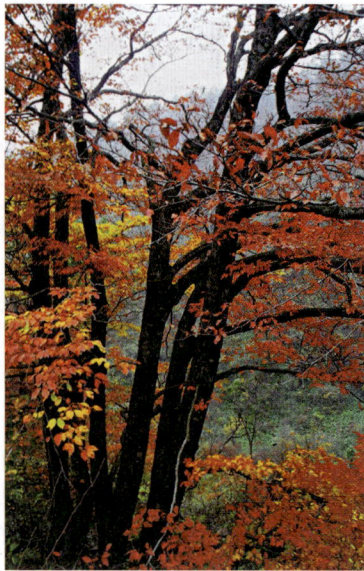

图3-4  太平山国家森林公园

（一）方案设计

方案设计的根源是设计构思，可以说设计构思是一个景观项目设计成败的关键。在设计前期充分考察、调研、分析之后，设计者对整个项目的设计要求及限定条件有了充分的认识。实际上在这个认识过程中，设计者的设计构思也是同时在设计者头脑中萌发、孕育乃至基本成形。

这时设计者需要通过勾画设计草图来捕捉、记录头脑中涌现的设计构思，从而对方案进行推敲。从规划构思开始，然后是随着设计的详细深入程度，勾画的设计草图越来越完整越来越深入。这个过程是画图和推敲不断反复的过程。

在这一过程中需要多专业的合作，景观师、规划师、建筑师、各专业工程师相互协商，由组织者统一协调，在统一的主体设计思想指导下尽可能地互相支持。景观设计师要细致地研究建筑物、自然环境和人工景观的相互关系，在这一轮粗加工之后，可以形成比较翔实可行的场地构筑物布置图。

在草案研究基础上，对它们的利弊进行比较分析，得出最佳方案，同时依次完成较理想的功能图解、概念图、造型组合研究、设计草案，然后制定主要计划、绘制平面图、制作效果图、展板设计、模型制作等（关于方案设计的详细介绍将在后续章节展示）。

（二）施工图阶段

在方案确定之后，经建设方允许，可以着手进行施工图的设计。施工图的设计基本包括施工放线总图、地形平面设计图、水体设计、道路广场设计、建筑景观设计、绿化设计、管线及电讯设计等很多内容。

（三）编制设计说明书及工程预算（略）

（四）工程施工

施工过程中，景观设计师应充分严格地监督，使施工效果与设计意图相吻合。

（五）竣工验收（略）

（六）综合评价及检测

在项目完成后，景观设计师应该给客户提供一份说明，指导如何进行运作和维护。要进行安全性、经济性及美学、技术等各方面的综合评价及检测。定期访问，注意收集交付使用后的定期反馈意见。

以上介绍的设计程序只是一般项目设计的基本步骤（图3-5），它只是比较生硬地将设计工作程序尽量地系统化、理性化。在实际工作中，很多步骤是重叠、交叉或者反复进行的。例如，可以一方面拜访业主，一方面进行基地分析；有时，因为资料搜集不够完善或者和业主沟通不完善，返回重做某些工作也是经常的和必要的。

一个好的设计不仅仅需要好的构思，还需要认真地观察，研究，思考和推敲。有经验的景观设计师应尽量寻求一种理性工作方法和自身感性情绪调动的最佳结合形式，在实际经验基础上总结出适合自己的设计程序。

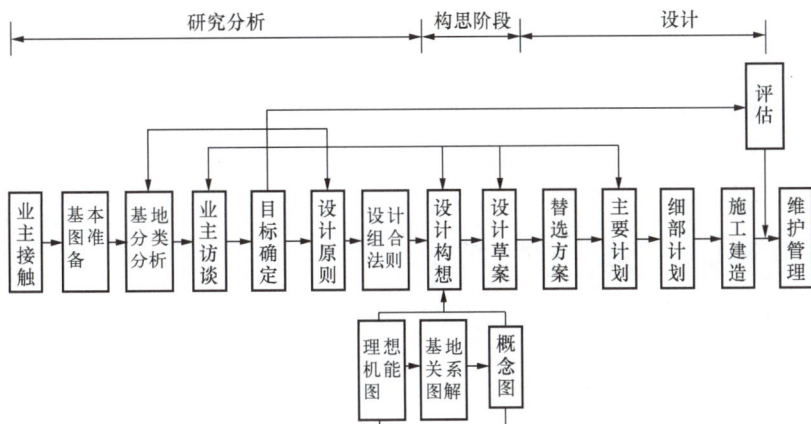

**图3-5 景观设计基本程序示意图**

# 第二节 景观设计的主要类型

在当前，景观项目设计所涉及的主要工作内容包括很多方面，为了便于理解，以下将对这些相关内容进行概括性的分类。需要指出的是，在实际涉及工作中，这些类型经常会呈现为交叉状态，甚至设计中会同时包含多种类型,因而这些分类不能作为硬性的划分标准。另外，以不同的标准来划分，类型构成也会有所不同。

## 一、不同区域规模的景观设计类型

景观设计可以说是关于景观的分析、规划、设计、改造、管理、保护和恢复的科学和艺术。从景观设计项目的用地规模上来分，景观设计类型一般包括以下内容：

（1）区域的景观设计，就是在区域尺度规模上的，在几百、几千甚至上万平方公里的范围内设计，梳理整个区域内的水系、山脉、城市、交通、绿地系统等；

（2）城市设计，城市的公共空间、开放空间、交通联系空间、绿地、水系等元素界定了城市的形态，需要很好地规划、设计；

（3）风景旅游区的规划和设计、自然和历史文化遗产地的规划和设计；

（4）自然地，如湿地、森林，海滨；

（5）综合地产的开发项目的规划和设计；

（6）校园、科技园和办公园区的设计，当然还有花园、公园和绿地系统的规划和设计以及陵园的规划设计等内容。

这些都属于景观设计的范畴。

## 二、不同表达内容的景观设计类型

景观设计师以图作为传达设计理念和相互交流的基本媒介，头脑中反映的真实场景中的地形地貌、植被、地面铺装和构筑物等所形成的实实在在的空间都要通过手中的笔在图纸上表达出来。建筑设计的完整表达一般需要平立剖面图和效果图，而景观设计的表达要灵活多样一些，它尽量借助一切表达方法，以标示清楚、表达明确为基本目标。一般包括：

（1）规划式表达方法：其中包括各种原始场地分析图，景观方案的讲解分析图，规划意向图等。

（2）建筑式表达方法：平立剖面图、轴测图、透视图、分析图。

（3）艺术式表达方法：灵活多样，创造性地表达设计思想和景观意境，主要是一些手绘表现图。

### 三、针对不同要素的景观设计类型

景观设计的具体设计内容很丰富，比如：地形改造与设计、土方调整设计、实施土方调整的方法、台地设计、挡土墙设计、园林中的微地形、有关土方调整最后的注意事项、地下排水、地面覆盖形式、地面铺装等。

但我们常用的景观构成要素的内容一般可概括为：地形地貌、植被、地面铺装、水体、构筑物等几大方面。随着学科的发展与设计手法的多样化，每一个景观构成要素都分别包含着更详细多元的内容，比如构筑物一般包括道路、台阶、坡道、盲道、地下道、公共设施（路灯、地灯、垃圾桶、消防栓、指示标牌、公共座椅等）、公共艺术品（街头雕塑等）等。具体内容在后面章节中有详细论述。可以说景观设计就是对这些景观构成要素的改造、利用和创造。

## 第三节 景观设计中的影响因素与设计原则

### 一、景观设计的主要考虑因素

进行景观设计首先要分析景观设计要考虑的影响因素，这些因素主要包括人、自然、文脉关系。

#### （一）人

我们都知道景观环境设计的最终目的是为人所用，景观环境建造是给人欣赏的，是给人使用的，人要在其中活动、停留，不考虑人的因素的景观设计是没有任何意义的。如何根据人的需求，以尊重人和环境交互作用的观点去创造景观是设计师所要重点考虑的问题。

人与景观环境之间是相互联系、相互作用、相互影响、相互依存的统一体。比如，要使景观形态符合人的审美要求，就要懂得人的视知觉特性；要使户外设施使用方便，就要了解人体活动的各种功能尺寸；要使景观更好地为人所用，就要懂得人的心理和行为要求。因此说人（人体尺度，人的行为方式、审美意识、社会活动等）是我们从事景观设计的重要影响因素。

#### （二）自然

我们在此提到的"自然"概念，是指哲学上的狭义概念——与人类社会相区别的物质世界，即自然科学所研究的无机界和有机界，主要指绿色自然环境。

景观设计是离不开人和自然的，是要求人与环境之间互动发展的。作为人文精神与生活风貌重要体现的景观环境，应当成为景观优美、绿化充分、环境宜人的生态空间（图3-6，图3-7）。

我们进行景观设计就是要改造自然环境，建造满足人类物质、精神需要的生态环境。因此，景观设计要从生态环境的整体出发，更多地利用自然条件，更少地破坏环境的本来面目，促进环境中植物、动物的生存和发展。景观设计师可以应用园林设计的方法，通过融合、嵌入、缩微等手段和方法，在各种空间领域中，引入自然、增加绿化、注重生态，为人们的各种活

图3-6　圆明园遗址

图3-7　广州白天鹅宾馆

动创造宜人的空间环境，使人们在有限的空间中，领略和体会到自然生态带来的自由、清新和愉悦感。

## （三）文脉关系（主要是环境文脉和历史文脉）

人类在创造自身文明的同时，社会文化价值观念也随之不断地更新、变化、发展。在陈旧、糟粕的东西不断被淘汰的同时，有价值的文化得以积淀，如文物、古迹等。这种继承和保留，延续着人类的历史情感。景观设计既要反映时代特征、积极创新，又要尊重传统、延续历史、传承文脉。

### 1. 环境文脉

地域文化、生活方式和传统习惯会在人们心中留下持久而又深刻的印记。当景观以市民生活方式和社会文化模式的"符号"出现时能唤起人对昔日的美好情感，使人产生认同和归属感。景观环境中的古老的树木、风化的岩石、残垣断壁等，也能使人们感受到时间的演变、悠久的历史。这些自然物境能触发人的情境，使人产生不同的心理感受（图3-8）。

### 2. 历史文脉

景观设计的成果，是自然环境与人文环境相互作用的结果，它是社会文化和历史的表征。一个民族文化的历史特征，总要淋漓尽致地表现在各个历史时代的景观环境中。现存的人类生存环境，必然积淀着具有历史传统特色的文化。因此景观环境设计中应该注重新旧文化的结合，形成景观环境的时空连续性，使历史与未来相联结。一方面我们可以通过缅怀历史，利用历史的遗存、生活的痕迹、文字的解说，将人带入往昔的追思，从而加大景观环境内涵的信息量；从传统建筑中提取传统造型要素、细部片段等象征符合，传承历史信息。另一方面我们可以通过感受历史时代、利用特定历史时代的事物、历史代表人物，来诱发人们缅怀那个特定历史时代。如各地鲁迅公园的鲁迅塑像（图3-9）。

## 二、景观设计的基本原则

通过对景观设计要考虑的影响因素的分析，总结景观设计要遵循的基本原则为：进行景观设计要遵循适用、经济、美观的基本理念。合理安排经济费用、空间和时间的利用，达到"省本多利"。环境的营造要以人为本，建筑、规划、景观有机统一，人与自然，建筑与绿化有机交融。树立以人为本、从环境整体出发的景观设计思想，追求人与环境的和谐共生。适应环境、利用环境，共生共荣，天人合一（图3-10）。

图3-8　某公园景观

图3-9　鲁迅塑像

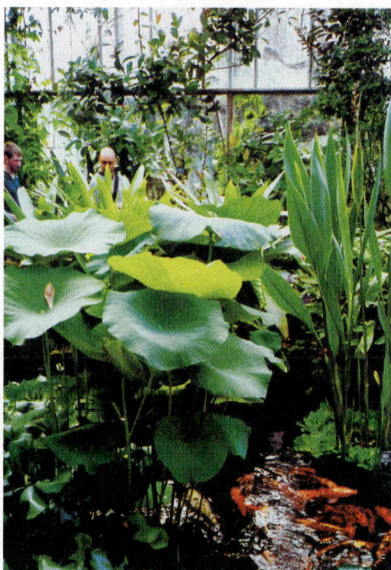

图3-10　花园景观

## 第四节　景观项目的营建实施程序

总体上，按时间顺序，可以将一个具体景观项目的实施程序，分为前期准备、项目实施和后期收尾三个阶段。以下介绍这三个阶段所涉及的主要工作。

### 一、项目前期准备工作

（1）建设单位立项，进行项目可行性研究分析，报请各有关政府部门审批。

（2）建设单位会同设计单位做项目设计前期工作，委托设计单位进行项目景观设计。设计单位进行前期方案设计。

（3）在初步规划设计和概算获批准后，建设方开始拟订施工文件，进行招投标。设计单位进入施工图设计阶段。

（4）建设单位、监理单位、施工单位和设计单位分别组建项目部。各项目部有关人员熟悉设计（施工）图纸、共同协商沟通，深化、完善设计方案及施工图。

（5）施工单位项目部组织编制项目总体施工计划。落实项目开工所需的临建水电设施。申办项目开工所需各级政府部门有关手续和理顺与有关单位间的关系。

## 二、项目实施过程中的工作

此阶段工作主要是指项目施工现场的工作，行为主体主要是施工单位和监理单位。

（1）搭建项目部临时办公室，递交项目开工报告，落实项目部各有关人员岗位职责。

（2）搭建临时围护，划分施工、生活、材料堆放（库房）等区域。

（3）会同设计、业主（监理）单位进行图纸会审和技术交底；对施工单位各专业工程师以及对各施工班组进行技术交底（重要分项分部工程要以书面形式进行交底）。

（4）根据施工图进行现场测量复核、定位放线，对存在的问题及时汇总整编，提交业主（监理）方，并提出具体修改意见或建议，会同施工、监理、设计三方协商解决。

（5）根据施工进度计划安排材料和施工队分批进场，开始施工建造。

## 三、项目后期收尾工作

（1）项目建造结束，会同各方进行项目竣工验收。有关单位编制竣工图。

（2）施工单位结合竣工图和竣工资料编制项目竣工决算，递交业主审核。

（3）施工方成立项目维修部。同时协助建设方和监理单位进行项目决算审计工作。

（4）景观建设项目付诸使用。

（5）各单位项目工程资料移交各方资料室存档，各自解散项目部。

在整个景观项目的实施过程中景观设计师要和各方积极交流沟通，使建设方接受你的设计思想，使施工方能准确实现你的设计成果。

# 第五节　景观设计所需基本知识、技能概要

## 一、景观设计所需基础理论知识

景观设计是一个集艺术、科学、工程技术于一体的应用型专业，是一门综合性的、面向户外环境建设的学科，其核心是对人类户外生存环境的建设，它涉及诸多方面的知识，如文学、艺术、工程技术、生态学、建筑学、人类学、环境行为学、心理学、美学、人体工程学、植物学、空间基础知识及规划设计等。我们在此把这些诸多方面的知识简单概括为：景观生态学方面知识，环境、心理学及其他相关学科，环境空间设计基础知识，广义人居环境理论等几个方面。下面我们就这几个方面分别做简单的介绍。

（一）景观生态学方面知识

生态学一词源于希腊文，原意为生物生存环境科学。生态学是研究生物和人及自然环境的相互关系，研究自然与人工生态结构和功能的科学。生态学由于其综合性和理论上的指导意义而成为现在一门广泛涉及的科学，它同样也影响到我们的景观设计。

景观生态学主要研究的内容是和人居环境相关的土壤、水文、植被、气候、光照、地形条件等因素所形成的生物生存环境，其目的是在不破坏全球生态的前提下，优化和改良我们的聚居环境（图3-11）。

我们在景观设计中所涉及的生态要素是水环境、植被和气候三个主要方面。

图3-11　某建筑中庭

### （二）环境、行为和心理基本理论知识

我们在此所提到的环境、行为和心理研究基本理论知识的范畴主要是指涉及各种尺度的环境场所、使用者群体心理以及社会行为现象之间的互动关系方面的知识。人的行为以及对环境的心理反应受多方面的影响，例如：文化背景、生理条件等，所以环境行为心理的研究可以使我们的设计更加具体和有针对性。景观设计比较常用到的这方面的概念，我们简单介绍三个。

#### 1. 空间与环境

空间与环境涉及气泡、领域、场所三个概念。

#### 气泡

气泡的概念是由爱德华·T·霍尔提出的，指的是个人空间。任何人都有一个使其与外部环境分开的物质界限，同时在人体近距离内有个非物质界限。人体上下肢运动所形成的弧线决定了一个球形空间，这就是个人空间尺度——气泡。尺度更大一些的空间大多都是气泡空间的延伸。人是气泡的内容，也是这种空间度量的单位。

#### 领域

领域一词最早出现在生物学中，指自然界中不同物种占据不同的空间位置。"一山不容二虎"就说明了这个概念。将这一概念引入到心理学中可以发现，人类的行为也往往能表现出某种类似动物的领域性。

我们在生活体验中可以发现，即使没有人告诉，我们也可以认知某一空间的用途，并且自觉地用某种行为去对应空间的功能。一般容易为人所认知的空间形态大体有三类：滞留性空间、随意消遣性空间和流通性空间。心理学研究表明，在行为个体对环境认知以后，就会本能地对自己的领域进行维护，如果受到冲突和干扰，就会在心理上和行为中有反感的表示，感到不悦。对此我们在景观设计中要特别注意空间的尺度对人心理的影响，可以通过植物、矮墙或者某些构筑物来增强滞留空间使用者的私密性，也可以通过不提供适宜滞留领域空间来暗示使用者流动空间的性质，从而提高流动空间的效率。这里要注意人与人之间过度的疏远和靠近都会造成一种心理上的不安定。

**场所**

舒尔茨在《场所精神——关于建筑的现象学》中认为"场所是有明显特征的空间"，场所依据中心和包围它边界的两个要素而成立，定位、行为图示、向心性、闭合性等同时作用形成了场所概念。场所概念也强调一种内在的心理力度，吸引和支持人的活动。例如公园中老人们相聚聊天的地方，广场上儿童们一起玩耍的地方等。从某种意义上来讲，景观设计是以场所为设计单位的。有设计特色的场所，会使建筑与城市之间相互连贯，在功能、空间、实体、生态空间和行为活动上取得协调和平衡，既体现了完整性，又会让使用者体验到美感。

**2. 人的行为**

人的行为往往是景观设计时确定空间场所和行为动线的根据，环境建成以后会影响人的行为，同样，人的行为也会影响环境的存在。其涉及行为层次、行为集合、行为控制三个概念。

将人类行为简单分类，大概可以分为以下三类：

（1）强目的性行为。也就是设计时常提到的功能性行为，如商店的购物行为、博物馆的展示功能，这是设计的最基本的依据。

（2）伴随主目的的行为习性。典型例子是抄近路，在到达目的地的前提下，人会本能地选择最近的道路，虽然，我们可以用围墙、绿化、高差来强行调整，但是效果往往不佳，所以在设计时应该充分考虑这类行为，并将其纳入动线的组织之中。

（3）伴随强目的行为的下意识行为。这种行为比起上面两种，更加体现了一种人的下意识和本能。例如人的左转习惯，人虽然意识不到为什么左转弯，但是实验证明，如果防火楼梯和通道设计成右转弯，疏散行动速度会减慢。展览空间如果右转布置，也会造成逆向参观和流线的混乱。这种行为往往不被人重视，但是却非常重要。

我们把为了达到一个主要目的而产生的一系列行为称为行为集合，这有点像围棋中诸多步连锁反应而成的定式，在我们设计中也存在着这种定式。例如在设计步行街时，隔一定距离要设置休息空间，设计流线时要考虑无目的性穿越街道，以及通过空间的变化来消除长时间购物带来的疲劳等。

行为控制这个概念可以让我们认识到设计对人的行为的作用。卢梭说人是环境的产物，有时我们设计空间的同时也设计了一种相应的行为模式。

**3. 人类对其聚居地的基本需要**

希腊学者多西亚的斯（C.A.Doxiadis）曾把人类对其聚居地的基本需要扼要概括为：安全、选择与多样性、需要满足的因素。

**（三）环境空间设计基础知识**

在城市规划、建筑设计、室内设计、景观设计等诸多学科中，环境空间设计基础都是必须掌握的基础知识。其主要内容是空间造型的方法和原理。无论空间尺度大小，其使用者都是人，都是以人为基本模数的，所以，这些设计学科都具有相同的空间设计基础。多年来，以建筑师为首开展了一系列的研究，成果丰硕，在现行教育体系中起着举足轻重的作用。

**（四）广义人居环境理论**

广义的人居环境是由吴良镛先生首先在我国提出并大力倡导的理论。了解广义人居环境的目的，就是为了能够站在人类居住环境这个更高的历史层面上，去探讨景观设计的理论发展方向和人类居住的未来前景。因此，学习和了解人居环境理论对我们当今的景观设计者们和学习者们都是十分重要而且是必要的。

## 二、景观设计的基本表现技能

当前景观设计的基本设计表现技法有手绘和计算机绘图两种。计算机绘图在当今已得到普遍推广和应用，设计师通过对绘图软件的熟练学习和应用，大大提高了绘图的速度和效率。但手绘是我们灵活应用计算机绘图的基础，熟练的手绘表现也是我们表达设计意图的最快捷最方便的方法，尤其是景观设计表现。作为学生，我们要强调手绘的学习与锻炼。

### （一）手绘常用表现

手绘常用的传统表现工具有很多，如绘图铅笔、绘图笔、鸭嘴笔、马克笔、水粉颜料、水彩颜料、比例尺圆规、画圆模板、曲线板、曲线条等工具（图3-12）。绘图铅笔是使用最广泛的单色绘图工具，能简练地表现题材。绘图笔又称针管笔，笔尖为管式笔尖，绘出的蜂条粗细均匀，并可精确控制画点的大小，绘出的图画有一种机械制图感。

图3-12 绘图工具

线条的表现形式很多。线可直、可曲、可不规则，也可徒手绘制。用线的目的是塑造形象，但同时要注意线条本身的形式美，如直线使人有力量感，是刚；曲线使人有优雅感，是柔。曲直并用，刚柔相济，是用线的根本。线可以加粗，可以重叠，可以断而再续，可以似画非画等。

线条粗细给人的感受也不相同。粗线产生的心理效果是清晰、单纯，具有男性性格，可以分割不同的色块以增加装饰性；全等粗线的粗细、曲直完全一致，没有起笔、落笔，没有顿挫，只有规整的装饰美感，它以柔和优美的曲线或刚劲挺拔的直线组成了庄重的韵律美。而细线具有优雅、柔软感、运动感。因此，线条是一种重要的艺术表现手法。

### （二）水墨渲染

水墨渲染是表现建筑形象的基本技法之一。它是用水来调和墨，在图纸上逐层染色，通过墨的浓、淡、深、浅来表现对象的形体、光影和质感。图纸和裱纸渲染图应采用质地较韧、纸面纹理较细而又有一定吸水能力的图纸。热压制成的光滑细面的纸张不易着色，又容易破损纸面，因而不宜用作渲染。由于渲染需要在纸面上大面积地涂水，纸张遇湿膨胀，纸面凹凸不平，糊在图板上方能绘制，所以渲染图纸必须裱。

### （三）水彩渲染

水彩渲染是表现景观形象的常用手法。这种表现手法对色彩的使用要求很高。它要求设计者对色彩的基本知识要掌握扎实，初学者往往会犯色彩选择不当的错误。

水彩渲染宜用水彩画颜料，它透明度高。水彩画颜料的以下几个特性是我们应当注意的。

（1）沉淀。精石、群青、土红、土黄等在渲染中易沉淀。做大面积渲染时要掌握好它们和水的多少、渲染的速度、运笔的轻重、颜料配水量的均匀，并不时轻轻搅动配好的颜料，以免造成着色后的沉淀不均匀和颗粒大小不一致。掌握颜料沉淀的特性，我们还能获得某些特殊效果，如利用它来表现材料的粗糙表面等。

（2）透明。柠檬黄、普蓝、西洋红等颜料透明度高，而易沉淀的颜料透明度低。在逐层叠加渲染时，宜先着透明色，后着不透明色；先着无沉淀色，后着有沉淀色；先浅色，后深色；先暖色，后冷色。这样可以避免画面晦暗呆滞，或后加的色彩冲掉原来的底色。

（3）调配。颜料的不同调配方式可以达到不同的效果。如红、蓝两色先后叠加上色和二者混合后上色的效果就不同。一般说来，调和色叠加上色，色彩易鲜艳；对比色叠加上色，色彩易灰暗。

水彩渲染的裱纸方法同水墨渲染。水彩渲染的用纸要有选择，表面光滑不吸水或者吸水性很强的纸都不宜采用。绘画过程中还应备有大中小号水彩画笔或普通毛笔、调色碟、洗笔和贮放清水的杯子。

在景观设计中常用水彩渲染配合钢笔线条一同使用，形成钢笔淡彩的表现形式。其特点是画面中既有线条又有色彩。具体方法是先用铅笔进行单线勾勒，然后根据色彩变化加以渲染，上色时要有高度的概括性，充分利用色彩的透明性，保留住所勾勒的线条，最后用钢笔、绘图笔勾画，使画面清晰醒目。

### （四）钢笔徒手画

景观设计图中的地形、树木、水体、山石、道路等常需徒手绘制。此外，设计者在收集资料、探讨构思、推敲方案、记录参观时徒手绘图以其方便、快捷而具有其独到的优势。因此，景观设计者必须具备徒手绘制线条图的能力。

绘制徒手画的工具很多，形形色色的笔都可用来作徒手画，常用的有铅笔、自动铅笔、彩色铅笔、彩色水笔、针管笔、小钢笔、速写钢笔等，其中速写钢笔、塑料自来水笔还可以做出一定粗细变化的线条。初学者经常练习徒手画，还有助于提高对景物及其周围环境的观察、分析和表达能力。

### （五）模型制作

设计图纸基本上是以一定的视点和方向绘制的，难免会存在不全的假象。因而在设计过程中使用简单的材料和加工工具，按照一定比例制作模型是很有意义的。利用模型进行多方案的比较，可以直观地展示设计者的多种思路，为方案的推敲、选择提供可信的直观的参考依据(图3-13)。其中用来推敲方案的模型称为工作模型或草模，它在三维空间中的作用犹如草图在二维空间中的作用一样，越来越受到设计者的重视。

图3-13 某居住区局部景观设计模型

# 第四章

# 景观构成的环境要素

> **重点提示**　本章着重分析景观构成的环境要素，包括外部环境要素、道路与节点、植物景观要素、水景要素、景观设施与小品、景观建筑单体设计等六节，对构成景观的各个环境要素的概念、作用以及设计要点等内容进行了详细的阐述。学习本章的目的是在学习整体景观设计方法之前，对构成景观的相关设计要素进行必要的理论铺垫，在深化理解景观概念的同时，为下一步更好地进行景观设计整体构思和艺术处理奠定基础。

正如汤姆·特纳所言："景观艺术就意味着按人的需要将宜人的艺术与自然结合起来"，景观在生态的基础上，结合了人类文明和美学特征，形成了完整的景观三价体系——生态、社会、美学。景观设计的最终目的就是要规划出适合人类居住和生活的栖居地。在设计过程中对于构成景观的要素的精心设计和合理配置，是景观设计成功的关键。同语言文字一样，景观设计有自己的词汇和语法，地形、道路、植物、水、雕塑、石头等是它的词汇，形态、色彩、材质肌理是它的形容词。构成景观的要素只是分离的个体，而"对设计作品的美学批判在很大程度上取决于处理这些元素相互关系的方式，和它在特定的环境中形成的气氛，而不是取决于元素的数量"。要创造一项优秀的景观系统工程，必须考虑到这些景观词汇的设计与整合，并整体有序地进行创造，使其功能与视觉效果、心理感受充分结合，才能创造出优美宜人的景观建筑环境。

景观设计内容复杂、涉及众多元素，基本可归纳为六部分：外部环境要素、道路与节点、植物景观要素、水体要素、景观设施与小品，景观建筑单体。它们在景观环境中具有不同的功能，也都有着各自的设计原则和艺术手法。

## 第一节　外部环境要素

任何事物，都有其特定的存在环境，景观设计也不例外，它离不开一定的环境背景，并受其深刻影响。芦原义信认为："外部空间是由人创造的有目的的外部环境，是比自然更有意义的空间。"由此可知，自然生态和"比自然更有意义"的人文精神、美学质量，是外部环境设计的关键要素，可概括为该地的地域气候、现有的地形地貌、风土民情三部分。这些客观条件决定了景观作品的基本特点和开发方式。要完成一项景观设计，首先就是实地考察场地的现状以及周边的环境，认真分析空间环境和客观情况，比如湿地景观所在地的地质、地貌、气候、湿度、土壤、雨量、风力、日照等自然条件；交通、治安、教育、娱乐、风俗习惯等人文条件；基地的废水水源、水质成分、空间功能、维护管理等环境条件。

## 一、地域气候

人们对于地域气候特点的感受并不陌生，假如你乘火车自北方去南方，沿途的山山水水尤其是植被类型等风景特征的逐渐变化，一定会给你留下深刻的印象，这就是气候对景观的作用。地域气候的因素包括风向、光照、降水、空气湿度、温度等，这些对人们的生活方式和地域景观特征具有强烈的影响。不同的气候，产生不同的景观特点、建筑特色及民俗风情。如我国南北方气候差异大，北方气候干燥、四季温差大，季节变化明显（图4-1）；而南方雨季时间长，空气湿度大，四季变化小（图4-2）。这样的环境差异，产生出了特征明显的北方园林和南方园林，同时，建筑形态也具有明显的南北差异，像北方的窑洞和南方的吊脚楼，这显然是不同地域气候特征的直接反映。

图4-1　北方的园林季节变化明显

图4-2　郁郁葱葱的南方园林

不同的气候，其植被、水体、建筑等元素有很大的差异。"橘生南方为橘，生于北方则为枳，叶徒相同，味相去甚远"。从古人的文章中，也可以看出，不同的气候和土壤条件，产生的结果截然不同。位于具体气候环境之下的景观设计，在景观元素的选择和配置上，就必须要符合该地的气候特征，顺应气候，遵照自然规律做事。如果不分析基地的风向、光照、降水、空气湿度、温度以及四季变化特征，而盲目地按照主观想象去设计的话，景观的生命力是非常短暂的。比如几年前盛行的大树移植风所造成的负面影响，就是个不好的例子。

## 二、地形地貌

自然界中，因为地形的起伏变化，地形地貌丰富多样，平原、丘陵、盆地、山峰等地形各有特点。景观设计是建立在一定的地理条件基础之上的，地形地貌是景观设计的形态基础。在景观设计中，地形地貌具体是指场地的位置、面积、周边建筑环境围合形状、地表坡度、标高、层级等原有的地形形态和面貌（图4-3）。

多样的地貌为动植物的多样性提供了条件，也丰富了景观的视觉形态、为游人创造了多样的空间体验。设计时既不能忽视地形而主观盲目地凭空想象，又不能完全局限于原有的地形现状，要因地制宜，发挥优点，改造弊端，就地取材创造合理的景观地形。例如北京颐和园，在缺乏变化的平地上"挖湖堆山"，创造丰富、立体的地貌特征（图4-4）。

对于绿地面积有限的城市景观区域来讲，创造自然地貌的作用很多：

（1）可以增加绿地面积，改善区域小气候；

图4-3　丰富多样的地形地貌

图4-4　北京颐和园

（2）自然采光和日照时间延长；

（3）有利于排除雨雪积水；

（4）有利于栽植各种各样的植物种类，丰富景观层次；

（5）在城市中为各种动物创造栖息地；

（6）可以创造丰富的景观活动空间，丰富各种功能和设施，提高游人的兴趣；

（7）减少声、光、空气污染，阻隔外界喧闹环境。

在地形改造过程中，应注意以下几个原则：

（1）因地制宜，随形就势。应充分调查、分析原有地形地貌，在此基础上结合功能和视觉审美，巧妙地利用地形创造景观作品。

（2）根据景观整体规划不得已要改动地貌时，要符合生态学的观点，避免对当地自然生态环境的破坏。要保护土壤、防止水土流失，尽可能保留野生生物，使其得以生存繁衍。

（3）注重生态，尊重自然，坚持自然山水景观的理念，融人工环境于自然山水之中。杜绝破坏自然生态的行为，任意开山取石、河道裁弯取直、填平湿地、变绿地为硬质铺装的做法，这些都破坏了自然原有形态美，甚至破坏了大地的平衡和生物多样性的原生态环境，失去了生物栖息的场所（图4-5）。

图4-5　工业文明对生态的破坏

（4）改造工业废弃地、垃圾场等污染地，这些污染严重的土壤并不是真的脏了，而是富营养化了，经过分析化验，寻找一些具有吸收这些富营养元素的植物，逐渐改善土质，形成自然生态地形。这在景观设计中已经有很多成功的例子。

### 三、历史文化与风土民情

历史文化与风土民情也是从事景观设计所要考虑的重要外部环境要素。景观是历史的反映，是特定地区的人们生活轨迹和特点的体现，在开发景观时，要调查分析当地的历史文化背景和民风民情特点，融入文化元素，体现文化内涵。最重要的是，要尽最大可能地保护当地人文历史景观要素，保护历史遗迹，让现代人通过这些去了解历史（图4-6）。在国外的城市景观建设中，我们可以看到对于历史文化保护和利用的众多实例。欧美在城市建设中着意保护历史文化遗迹，具有几百年历史的建筑、雕塑随处可见，我们通过这些遗迹，能很快了解这些城市真实的发展历程。而中国几千年的历

图4-6 具有深刻历史意义的景观

史，可以保护的东西数不胜数，如今却较少在城市生活中看到它们，走在大街上，满眼都是时尚新鲜的东西，除了走进博物馆去参观，我们无从了解一个国家、一个城市的发展过程。城市景观的设计过程中，保护历史文化古迹，不仅仅是景观形态的需要，也是整个城市和国家发展的需要。

在设计时，要杜绝"拿来主义"，避免不加分析，随意将景观元素拿来拼凑。因为景观是生长的过程，不仅仅指动植物等自然元素的生长，还指对于传统文化的继承和发展，反映历史文脉的生长，一个时代的成长过程。

# 第二节 道路与节点

景观与人的活动联系紧密，疏导与聚集人流是景观设计中重要的功能。道路与节点就是人们行走、活动的重要场所，同时也是景观设计中的重要风景线。

## 一、道路

### （一）道路的概念

说起道路，大家都非常熟悉，灯火辉煌的商业街，车来车往、盘旋扭转的高架路、家乡泥泞的土路，校园长满青苔的石板路，碧波荡漾的水路，蜿蜒曲折的山路……

我们在这里所讲的道路与城市中的交通路线概念不同，是指位于景观区域内的园路。道路是景观构成的框架和网络，除了像一般道路一样，具有组织交通、疏导人流的功能之外，深深地烙上了景观的特点——明确景观功能分区，形成景观观赏路线，同时道路本身也具有艺术欣赏性，是景观构成元素之一。所以，道路设计无论在功能上还是在精神意韵上，都是景观设计中的一个重要元素（图4-7）。

彭一刚先生在《建筑空间组合论》中曾提到，道路的空间组织设计应先考虑主要人流必经的道路，其次还要兼顾其他各种人流活动的可能性（图4-8）。景观道路根据功能可分为三种类型，主次分明，各行其责，有序地组织景观空间。

（1）主要道路：是景观中的重要通行、救护、消防、游览通道，宽度一般在7～8m。在设计时注意道路的场地通达性，保证能够通达景观的每个区域。

（2）次要道路：是各个景观功能区中的主要通行道路，沟通景观分区内各个景点、建筑，宽度一般在3～4m。

（3）休闲林荫道、濒水小路，健康步道：这些小路一般宽度在1～2m，是景点中人们活

图4-7　蜿蜒曲折的园中小路

图4-8　平面规划中不同的道路类型

动、参与景观的路径。

（二）景观道路设计的考虑因素

1. 组织有序

不同路线的脉络组织关系，形成景观设计的特色。如苏州园林中道路的婉转回旋（图4-9）和欧洲园林如法国凡尔赛宫的几何对称（图4-10），是截然不同的景观组织关系，各有特色。道路组织关系可以分为如下几种情况：

图4-9　中国古典园林中的小路

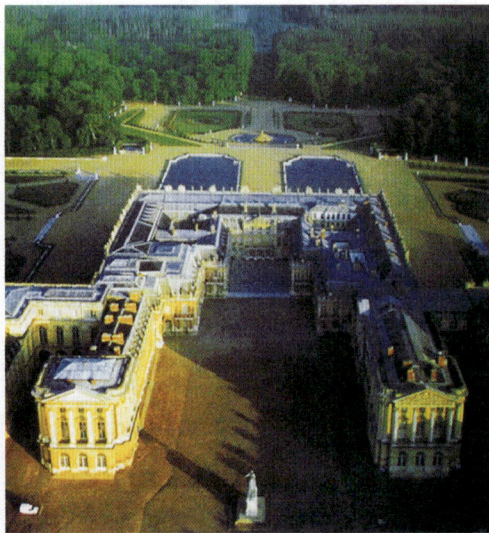

图4-10　法国凡尔赛宫道路规划

轴线对称——完全对称，方向明确，空间庄严，秩序感强；

轴线非对称——空间完整统一中有变化，严肃中不失活泼；

曲线自由——自由流动，空间连续；

综合组织——以一种方式为主，另一种方式为辅的方法。

## 2. 与其他景观元素组景

道路要提供休息的功能，着重塑造道路两侧的凹凸空间，与路边的座椅、花坛、树池、灯具等元素构成休息区域，使游者可以沿路休憩观景。在设计中应注意以人为本，亲切宜人，形成"路从景出，景从路生"的道路景观效果（图4-11）。

## 3. 移步换景、步移景异

道路是动态的景观，沿着小路行走，随着道路线型、坡度、走向的改变，景观

图4-11 路从景出，景从路生

也在变化，要组织各种景观形态，使人能够体会风景的流动，感受最细微的景观层次，抒发或轻快或悲伤的心情。"风景区之路，宜曲不宜直，小径多于主道，则景幽而客散，使有景可寻、可游，有泉可听，有石可留，吟想其间"。曲折的路径把人们的视线导向不同的空间，引领人们在这一运动过程中逐渐发现不同的景观，使景观给人以连绵不尽和深远的感受，为人们留下想象的空间。在《建筑空间组合论》中彭一刚先生也认为，路线的组织要保证无论沿着哪条路线活动，都能看到一连串系统的、完整的、连续的画面。

## 4. 艺术铺装

景观道路铺装通常采用上可透气下可渗水的生态路面，防止路面积水，保持和恢复自然循环。可渗透的铺装材料有沙、石、木、强力草皮或空心铺装格、多孔沥青等（图4-12）。不同功能的道路所选用的材料不同，铺设手法也不同。

主路比较直、顺、宽，材料多用混凝土、沥青等耐压材料铺装，拼砌图案简洁大方，便于施工，质地牢固、平坦、防滑、耐磨。

小路曲折变化，铺装图案可丰富多彩，艺术性很

图4-12 种类丰富的园路铺装材料

强。铺砌材料要结合周边的景观元素来选择，与园林景观相协调。石板、砖砌铺装、鹅卵石、碎石拼花等材料是比较好的选择。

铺装方式上，同一方向、同一类型的路面，使用同一种材料和方式，可以加强路线的统一感和引导性（图4-13）。

为残疾人考虑，设置盲道和残疾人通道。

## （三）景观道路设计的原则

结合周边交通环境和使用人群心理，合理疏导人流，分散交通压力；

图4-13 路面材料的导向性

主次分明，循环贯通顺畅，避免道路死角的出现；

道路导向明确，防止多路交叉，以免造成人流的拥挤碰撞；

道路延伸过程中防止过于平淡，要有景色亮点，每条道路都形成独特的个性特色。

景观人行道路可适当增加曲折、升降变化，增加景观层次，丰富空间体验。

## 二、节点

### （一）节点的概念

节点是景观中重要的组成部分，包括游憩广场、标志性建筑或构筑物。所谓的节点，其实是道路与道路之间的交汇点，交汇点扩大，就成为从各个方向汇集来的人们停留、休息、活动的场所（图4-14）。与道路疏散人流的功能相反，节点的功能是尽可能提供丰富的活动项目来吸引人群，无论从形态上、色彩上还是从风格特色上，都成为景观中的精彩所在。所以节点的设计应有明显的特色和个性，结合各种景观元素，通过地坪高差、材质、颜色、肌理、图案等因素的变化，蕴涵地域文化底蕴，创造出独具魅力的路面和场地景观。

图4-14　景观中的节点

图4-15　层次丰富的景观节点设计

### （二）节点设计的考虑因素

（1）在形态设计上。节点的设计是景观环境中最为丰富、精彩的，是景观区域的标志性场所，反映景观的精神面貌和文化内涵。在设计手法上要丰富多彩，结合水体、植被、石、建筑、艺术雕塑以及各种服务设施来创造可居可游可观的丰富空间体验，夏可蔽日，冬可保温，避免因无法吸引人群，而造成地面的浪费（图4-15）。

（2）在地面材料的采用上。节点的地面铺装材料和铺装手法比道路艺术性更强。常采用线性、流行性、拼图、色彩手法为使用者提供活动的场所。节点的铺地用广场砖、石材、混凝土砌块、装饰混凝土、鹅卵石、木材等。铺地的方式具有很好的装饰作用，比如用鹅卵石镶嵌动植物图案等。铺装的材料不要片面追求材料档次，要与环境和文化意蕴相结合。铺装方法上，可采用多种手法，在形态、色彩、材质上对比要强烈。铺砌方式上要统一中求变化。另外，节点的铺装与灯具、绿化、小品等可结合进行设计，创造新的艺术形式（图4-16）。

图4-16　景观元素多样的节点艺术形式

（3）在空间处理上。结合整体风格,采用抬升或降低地面的手法,创造丰富的空间感受(图4-17)。

（三）节点的设计原则

在节点的位置设置上,杨·盖尔在《交往与空间》中提到:"道路25m左右的视距,就需要设置若干节点形成的游憩空间,满足人的心理需求。"可见,在道路上相距大约25m左右,就要设置节点,这些点通过线性元素贯穿起来,形成如小区入口、中心活动区等空间(图4-18)。

在结合功能划分出节点所在的合理位置后,要整体规划,主次分明,形态统一中有变化,以保持整体景观的完整有序。

图4-17  创造新颖的节点空间感受

图4-18  各个节点的设置

## 第三节  植物景观要素

有景观生态学家曾说,景观就是地球上的和谐地段,包括自然景观和人文景观。而其中最具有生态意义的景观元素就是植被。在午后浓密的树荫下乘凉,在夏夜里听草丛中的虫鸣蛙叫……植物的确给人带来了无尽的乐趣和诗情画意。英国园艺家肯·奥斯莱特(Ken Aslet)等人在《水景园》中写道:"……,在那里有不同色彩和香味的植物,还有瀑布、溪流的声响。池中及沿岸配置有各种水生植物、沼泽植物和耐湿的乔灌木,……"一个清雅舒适的环境离不开花草树木的映衬与点缀,植物的生态化组合和艺术化的配置是一个优秀景观作品的关键(图4-19)。

### 一、植物景观的概念

植物景观,是指运用各种植物素材,在生态的原则下,通过艺术手法,充分发挥植物本身的形态、色彩、质感等自然美特征,创造与周边环境相协调的艺术与功能空间,并具有一定的意境。植物的种类繁多,地方性强,常用的园林植物主要分为乔木类、灌木类、藤木类、花卉、草本类。

图4-19  丰富的植物生态景观

## 二、植物的作用

Gary O. Robinette的著作《植物、人和环境品质》，将植被的功能分为四大方面：建筑功能、工程功能、调节气候功能、美学功能。植物在景观设计中也具备这几个方面的功能。

建筑功能：植物具有围合界定景观区域、提供不同功能的空间等功能。植物围合空间可分为开放性、半开放性空间、冠下空间、封闭性空间等几种形式（图4-20）。

工程功能：防止眩光、防止水土流失、噪声及交通视线诱导。

调节气候功能：遮阴、防风、调节温度等改善局部小气候，提高环境质量。

美学功能：植物的形态、色彩、质地与周边的道路、水体、建筑、景观小品等景观元素相结合，形成景观的美学特色。更重要的是，植物的形态、色彩随着季节的变化而形成不同的景观效果，使整个景观环境产生季相轮回、生生不息之感。

另外还有文教功能：文教功能是利用植物景观提高人们的文化素质教育。如设置植物展览馆、生态园等，让人们了解自然科学，学习植物种类、形态和作用，培养生态和环保意识（图4-21）。

图4-20　植物创造各种形态的空间

图4-21　植物的文教功能

## 三、植物在景观设计中的表现形式

在景观设计中，植物景观主要表现为：草坪、花坛、绿篱、花架等形态。

### （一）草坪

矮小的多年生草本植物密植形成草地，经过人工修剪整齐的人工草地，就称为草坪。常用的草本植物有地毯草、野牛草、结缕草、黑麦草等。草坪一般设置在广场、建筑周围、林间空地等，形成水平绿化，充分表现地形美，供游人观赏游憩（图4-22）。

### （二）花坛

在一定形态的地面上或容器中栽植不

图4-22　景观中的草坪形成水平绿化

同种类的观赏植物，按照特定的图案来组合搭配，并嵌合到建筑物入口、广场、道路或草坪等区域。花坛本身的形态有几何式、自由式和混合式。可分为可动式和固定式，以适应景观环境的不同要求。可动式为预制装配，可以搬动，堆砌，拼接，地形起伏处还可以顺地势做成台阶跌落式。固定式多用于花坛和种植穴，一般有方形，圆形，正多边形，需要时还可拼合（图4-23）。

图4-23 形态多样的花坛

### （三）树池

将树木尤其是年代久远的古树用树池围合保护起来，并配置草本和花卉植物。树池的作用主要是保护树木不受破坏（图4-24）。

图4-24 树池保护树木的同时也是休息的座椅

### （四）绿篱

用乔木或者灌木密植成行而形成的篱垣，主要起到划分空间、引导方向、用做背景来烘托艺术设施，用做屏障隔离景观区域等作用。绿篱按照高度可分为矮篱、中篱、高篱（图4-25）。

### （五）花架

花架是园林绿地中以攀缘植物材料为顶的廊，为游人提供夏日遮阴的场所。花架既具有廊的功能，又比廊更接近自然，融合于环境之中，其布局灵活多样，尽可能利用所配置植物的特点来构思花架，形式有条形，圆形，转角形，多边形，弧形，复柱形等。主要攀缘植物有爬山虎、牵牛、紫藤、葡萄、常春藤等（图4-26）。

图4-25 用绿篱划分空间

## 四、植物景观的设计原则

植物景观设计必须遵循一定的设计原则，从生态、形态、文化内涵、经济与实用等方面全面考虑，才能成为优秀的景观设计作品。

### （一）因地制宜原则

植物是有生命力的有机体，每一种植物对其生态环境都有特定的要求，植物个体的生态习性各不相同，对温度、湿度、光照、土壤、空气等都有不同的要求，群体生态中还涉及各

图4-26 花架

种植物的相互关系，在利用植物进行景观设计时必须先营造植物生长需要的生态环境。如果景观设计中的植物种类不能与种植地点的环境和生态相适应，就不能存活，或生长不良，也就不能达到预期的景观效果。因地制宜，以乡土树种为主，是植物生态化原则的基础。乡土植物对周围环境有高度的适应性，也是体现当地特色的主要因素（图4-27）。

### （二）艺术美原则

不同的植物都具有不同的特征和风貌，甚至拥有一种令人敬佩的精神力量，用唐代诗人沈佺期的话说："一草一木栖神明。"植物与人一样，也有生命的尊严和灵性，"在每一片叶子上都见到了生命和存在的最深秘密……在每一片叶子上都有着一种超乎所有贪欲的、卑下的人类情感"。对于完美的植物景观配置设计而言，必须具有艺术审美特征，通过艺术构图原理体现出植物个体及群体的形式美及人们欣赏时所产生的意境美。植物景观中艺术性的创造是极为细腻复杂的，需要巧妙地利用植物的形体、线条、色彩和质地进行构图，并通过植物的季相变化来创造瑰丽的景观，表现其独特的艺术魅力（图4-28）。

图4-28　具有艺术美的植物配置

图4-27　因地制宜种植当地植物

#### 1. 形式美

一般的艺术规律同样可以用在植物景观设计中，例如"多样统一"、"强调和对比"、"均衡"、"韵律和节奏"的原则。在一定的环境条件下，充分利用植物的形体、线条、色彩、质地，进行巧妙的设计和布局，色彩明暗对比、色相搭配及高低大小的组合，形成富于统一变化的景观构图，并注意四季景色季相变化，形成三时有花、四时有景的景观效果，形成植物多样性、生物多样性，以吸引游人，供人们欣赏。在植物景观配置时，要根据空间的大小，树木的种类、姿态等组织空间，与建筑小品、水体、山石等组合呼应，协调整体景观艺术效果。

#### 2. 空间美

此外要注意植物空间的立体化设计。景观设计是一门空间的艺术，人穿行其中，感受也是全方位的，随着空间的变化而变化，而对于人的视觉来讲，垂直面上的变化远比水平面上的变化更能引起关注与兴趣。因而，景观设计不仅仅是平面设计，而是全方位的立体设计。植物的立体设计方法多样，如种植乔木、灌木时，应先堆土成坡，再分层高低立体种植；采用攀缘植物塑造垂直面上的绿化等（图4-29）。

### 3. 意境美

东晋最伟大的画家顾恺之用"手挥五弦易，目送归鸿难"来谈人物画的特点，说明神态的描绘比形态要难得多，即便是以客观景物为表现对象的风景画，也不只是对自然风景的简单描摹，它是通过对风景的画面表现，来传达作者的观念和情感。王国维在《人间词话》中写道："境非独景物也，喜怒哀乐亦人心中之一境界，故能写真景物、真感情者，谓之有境界，否则谓之无境界。"由此我们可以看出，意境作为一个更加抽象的美学概念，背后蕴涵了丰富的心理学和哲学意味。所以美感不能简单地归结为人的视觉、触觉、嗅觉、味觉等感官的认同，还涉及经验、情感和思想境界。感受美的过程是从环境中汲取感情，完成从知觉到意境的飞跃。景观中的植物特有的形、色、香、声、韵之美，可以表现人的思想、品格、意志，创造出寄

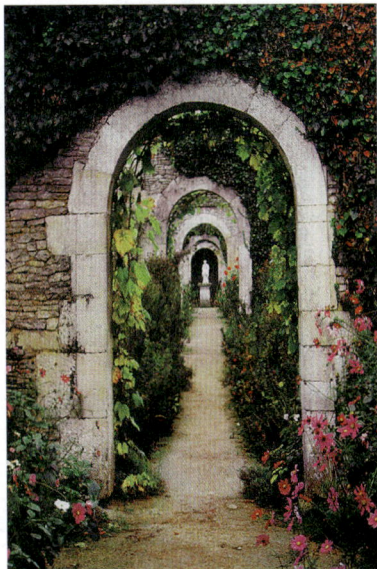

图4-29 植物的空间美

情于景和触景生情的意境，赋予植物人格化。这一从形态美到意境美的升华，不但含意深邃，而且达到了"天人合一"的境界。通过植物造景烘托建筑物或点缀空间，营造了意境，如"松壑清月"、"听雨轩"、"曲院风荷"等都是以花木作为景观的主题而命名。并且，春夏秋冬时令交接，阴雪雨晴等气候变化都会改变植物的神态，改变景观空间意境，并深深影响人的审美感受（图4-30）。

### （三）历史文化传承原则

植物与景观中其他元素一样都需要有文化内涵。植物景观设计首先要以自然生态条件和地带性植被为基础，将民俗风情、传统文化、宗教、历史文物等融合在植物景观中，使植物景观具有明显的地域性和文化性特征，产生可识别性和特色性。自然遗迹、古树名木是历史的象征，是文化的积淀，已成为一种符号和标志，可以记载一个地区的历史，传播一个城市的文化。设计中应将他们尽量保留、保护好（图4-31）。

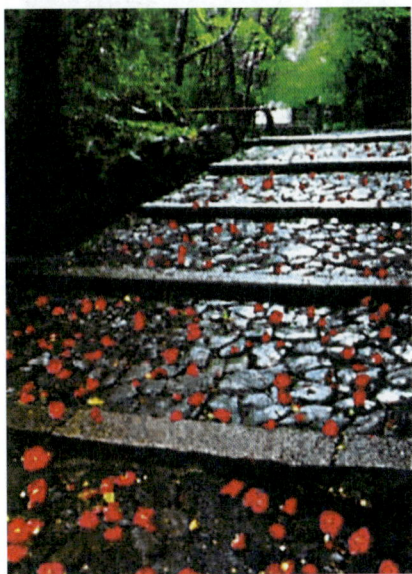

图4-30 植物的意境美

### （四）经济原则

陈从周《说园》中写道"且人游其间，功能各取所需，绝不能以幻想代替真实，故造园脱离功能，固无佳构……"，可见，任何设计行为所依据的思想都来源于人类的需要，对人的关怀和考虑，成为景观设计的核心，没有实用功能，浪费管理资源，再美的视觉效果也不能算是好的设计。景观中的植物种类繁多，植物景观在养护管理上须遵循经济原则，减少资金投入和管理费用。多选用寿命长，生长速度中等，耐粗放管理，耐修剪的植物，避免采用那些养护管理费时费工、水分和肥力消耗过高的植物，在节约成本、方便管理的基础上，以最少的投入获得最大的生态效益和社会效益。

图4-31 具有地域和文化特征的植物

（五）实用原则

植物景观除了满足人们的观赏欣赏需求外，更重要的是能创造出适合人类生存的生态环境。植物具有降温、增湿、净化空气、减低噪声、涵养水源、保持水土等功能，维护了人体健康，减少了水土流失，大大改善了人类的生存环境。在设计时应充分利用这些功能，有效的改善景观环境。同时植物具有经济效益，如雨花茶、藕粉、墨红月季都有着直接的经济效益。英国景观学派的约瑟夫·爱迪生提出了将农业与园艺相结合的思想，"玉米地也可以产生出迷人的景色"。将耕作、种植与愉悦感相结合的思路使景观设计有了崭新而深刻的美学意义，使美与实用紧密地结合在一起。我们应当学会欣赏"一块玉米地"那样的美景，景观审美与实际收益相结合，才是景观设计的本质。

# 第四节　水　景　要　素

水是景观设计的血脉，是万物具有活力的关键，为植物、鱼和野外生灵提供了生存之地。在景观元素中最活跃的是水，宋代画家郭熙在《林泉高致》中曾说："水，活物也，其形欲深静，欲柔滑，欲汪洋，欲环绕，欲肥腻，欲喷薄……"水的形态、风韵、气势、声音蕴含着无穷的诗意、画意和情意，丰富了空间环境，给人美的享受和无限的联想，给景观增添了无穷的魅力（图4-32）。

图4-32　蕴含无穷诗意的水

## 一、水景的概念

水景观，就是指以水为主要表现对象的景观元素，来展现水的各种形态、声音、色泽等。水的景观特性突出，具有静止性、流动性、可塑性，可发出声音，可以映射周围景物，可以与建筑物，雕塑，植物等景观要素组合，创造出生动活泼，有生命力的景观形态。

## 二、水景在景观中的作用

水体作为一个造景要素，在景观中起到了非常重要的作用。

（1）生态作用。水有较大的热容量，不仅增加空气湿度，而且可起到调节气温的功效，使周围空气新鲜、清新，有助于人们的健康（图4-33）。

（2）背景作用。水体可以作为景观环境中的背景，烘托景观建筑、植物等。阳光下，水面波光粼粼，和建筑交织变幻。而且水的倒影能增加景深，扩大景面，产生虚实对比、交相辉映的画面。声音上，涓涓细流发出的悦耳动听的水声，成为景观环境的背景音乐，烘托出空灵生动的意境（图4-34）。

图4-33 水的生态作用

图4-34 水体烘托下的建筑

（3）纽带作用。水体的开发利用不仅可以营造空灵通透的意境，并且也能运用一定手段去拓展、贯通、引导空间，产生气韵交流，形成整体景观效果。

（4）焦点作用。优秀的水景可以成为整个景观环境中的视觉焦点，如广场上的音乐喷泉，层次丰富，气势恢宏加之灯光和色彩的变幻，声音、色彩、形态、光的结合，是景观中最容易成为视觉焦点的地方。

（5）环境指示原则。在一些大型景观区内应用人工水体，并种植水生植物或养些观赏鱼类等，不仅可以满足人的亲水本能，更重要的是环境污染的指示。如果水中的水生植物生长繁茂，说明环境指标较好，反之，则证明环境的质量存在问题。

## 三、水体在景观设计中的表现形式

水体在景观中表现形式多样，概括来说，景观水体可以分为以下几类。

（1）自然水景：指由于自然地形的高低水位不同而形成水的不同形态，包括静水和动水两种类型。

1）静水：湖泊、湿地等。

湖泊——陆地上洼地积水形成的、水域比较宽广、换流缓慢的水体（图4-35）。

湿地——泛指暂时或长期覆盖水深不超过2m的低地、土壤充水较多的草甸，以及低潮时水深不过6m的沿海地区。

2）动水：河流、海浪、自然、涌泉、瀑布等。

河流——河流是陆地表面上经常或间歇有水流动的线形天然水道。河流在我国的称谓很多，较大的称江、河、川、水等，

图4-35 北京颐和园中的昆明湖

较小的称溪、涧、沟、曲等。每条河流都有河源和河口。河源是指河流的发源地，有的是泉水，有的是湖泊、沼泽或是冰川，各河河源情况不尽一样。河口是河流的终点，即河流流入海洋、河流（如支流流入干流）、湖泊或沼泽的地方。

涌泉——水由下向上冒出，不作高喷，称为涌泉。如济南市的趵突泉，就是在大自然中的一种涌泉。

瀑布——河水在流经断层、凹陷等地区时垂直地下落。依据瀑布的外观和地形的构造，瀑布有多种类型，如垂帘型瀑布、细长型瀑布、倾斜型瀑布、无理型瀑布等（图4-36）。

（2）人工水景：指经由人工处理，采用改变地形和借助电力等手段来模拟自然的溪流、瀑布、湖泊等，使水产生流动跌落、流动等水位变化，形成大自然的缩影。并将这些水池、喷泉、溪流等可接近的水域边界设计成为可参与性的动态景观，使人们获得回归自然的满足。或者结合现代景园的设计手法，与其他景观雕塑、建筑等结合，形成自然力不可达到的奇妙效果（图4-37）。

图4-36 自然界中如画的瀑布美景

图4-37 人工瀑布的艺术效果

人工水景也包括静水和动水两种类型。

1）静水：池塘、水库等。

池塘——池塘是指人工建造的水池，是比湖泊细小而浅的水体，阳光能够直达塘底。通常池塘都是没有地面的入水口的。它们都是依靠天然的地下水源或以人工的方法引水进池。池水因为其中有很多藻类而呈绿色。

水库——用于拦洪蓄水和调节水流的水利工程，可以用来灌溉、发电和养水生动植物。

2）动水：落水、跌水、喷泉、喷雾等。

落水——人为地夸大地形高差和水位，使上游渠道或水域的水自由落下，来模拟自然界中瀑布的形态。

跌水——跌水水位高差较小，是将天然地形的落差适当减少，并集中修筑成阶梯状，流水由上自由跌落而成。跌水可分为单级跌水和多级跌水。阶梯以砌石和混凝土建造者居多。

喷泉——喷泉是一种为了造景的需要，将水经过一定压力通过喷头喷洒出来具有特定形状的景观，提供水压的一般为水泵。用人工设计具有装饰性的不同压力及图形的喷水装置，可产生不同形体、高低错落的涌泉，加上特定的灯光、声音和控制系统，形成独具魅力的水景艺术。经过多年的发展，现在已经逐步发展为几大类：音乐喷泉；程控喷泉；音乐程控喷泉；激光水幕电影；趣味喷泉等。喷泉的细小水珠同空气分子撞击，能产生大量的负氧离子，因此，喷泉可以净化空气，减少尘埃，降低气温，改善城市小气候，增进居民身心健康（图4-38）。

喷雾——喷雾是一种悬浮在气体中的极小滴的水。在喷雾罐中，水被储藏在加压的状态之下，以微小粒子喷出，与植物、建筑物、石头等元素组合在一起，烟雾朦胧，形成如仙境般的氛围，增强了景观环境的视觉审美层次和艺术感。

图4-38 形态变化丰富的人工喷泉

### 四、水景的设计原则

人工水景设计需要注意以下几点原则。

#### （一）生态设计原则

自然界水形态是最富有生物多样性和生态功能最高的生态系统，它为人类的生产、生活和休闲提供了多种资源，也是人类最重要的生态环境之一。设计时模仿自然之水，配置水生动植物，保持其良好的生态循环可以净化水质，不但产生多种生态功能，还能创造城市景观的自然意境。如果破坏了生态，水质变坏，就会破坏整体景观的环境（图4-39）。

现代城市中的水景建设，河岸用水泥砌筑，既不生态又没有美感。由于没有形成良好的水循环系统，水质逐渐变黑变臭，每年的清淤和维持水质工程常常耗费大量的人力、物力和财力（图4-40）。而运用景观生态学的原理，在城市中河流的河道坡岸的结构处理上，可根据起伏层次进行艺术设计，水生植物的自由配置与各种自然形态坡岸的绿化种植相结合，形成衔接陆地与河流的独具特色的湿地景观。河水与水生植物形成良性生态循环，既保持了水质、提高了周边的环境质量，又给人们带来艺术审美享受。

#### （二）与地域环境相适应的原则

水景设计需考虑的地域条件包含了景观所处的自然条件，地区变化以及周边环境背

图4-39 回归自然的生态设计

图4-40 硬质河道阻断了生态循环系统

景，根据景观环境特点，在注重可持续发展的基础上，采取灵活多样的水景表现方式（图4-41）。

### （三）取其形，尽其意原则

在营造人工水景观时，要尽量去理解和发挥水的特性，体现水体的声、色之美，根据水的可塑性，创造丰富多彩的水景观来激发人们内心的情感，引起共鸣，活跃景观效果。同时，根据水景自身的展现形态，结合环境主题来表达深层的意境是最重要的。

图4-41　灵活多样的水景表现方法

### （四）满足亲水心理的原则

亲水是人们的天性，水对于人有着很强的吸引力，景观中的水景不仅增添了整体环境的活力，也给人的各种活动增添了乐趣。如划船、溜冰、游泳、钓鱼等等，甚至只是坐临水面观赏，水的喧嚣、宁静、韵味无穷的倒影，也令人心情愉悦、神态清爽、心旷神怡。在景观设计中尽量营造亲水、戏水的环境是取得良好的景观使用效果的关键（图4-42）。

图4-42　水给人增添了无穷的乐趣

### （五）安全的原则

在充分考虑人们的亲水心理，创造可亲近或接触到自然水景，利用水进行娱乐活动的同时，要以安全为设计原则，防止单纯为了美观和乐趣而不顾人们的人身安全。

## 第五节　景观设施与小品

人们的生活离不开艺术，艺术体现了一个国家一个民族的特点，表达了人们思想情感。而在景观设计中，艺术因素仍然是不可或缺的，正是这些艺术小品和设施，成为让空间环境生动起来的关键因素。由此可见，景观环境只是满足实用功能还远远不够，艺术品的出现，提高了整个空间环境的艺术品质，改善了城市环境的景观形象，给人们带来美的享受。

### 一、景观设施与小品的概念

#### （一）景观小品

什么是景观小品呢？有人认为，无非就是放置在室外环境中的艺术品。但艺术品的范围很广，包括摄影、书法、绘画、雕塑、工艺等，一旦把艺术品界定在外部公共环境当中，它的概念就不再那么简单了，放在室外环境当中的非常个人的、纯粹的艺术创作几乎不存在任何普遍性的因素，这并不是纯粹意义上的景观小品。"虽然艺术是个老话题，然而一旦我们将艺术与环境整体性、人类文化研究联系起来并在艺术和设计形态学之间建立一种不可分割的关系，那么艺术研究就会被赋予新的意义，并对景观设计产生巨大的影响"。景观中的艺术作品同其他的艺术形式相比，更加注重公共的交流、互动，注重"社会精神"的体现，将艺术与自然、社会融为一体，将艺术拉进大众生活之中，通过雕塑、壁画、装置以及公共设施等艺术形式来表现大众的需求和生活状态。所以，从某种意义上来说，室外景观小品就是我们所说的公共艺术品（图4-43）。

**（二）景观设施**

如果说小品具有艺术欣赏价值的话，那么景观设施，则是具有实用价值的景观小品，这些设施给人们提供了舒适的使用环境。从某种意义上来讲，景观设施通过独特的设计也可以成为艺术品（图4-44），目前我国相当一部分的设施设计，还停留在简单的功能满足上，其造型、色彩、材质等方面还没有考虑太多，没有上升到艺术品的地位。在完善功能的基础上成为景观艺术品是设施设计所追求的方向。

图4-43 景观中的雕塑艺术

图4-44 具有艺术审美的景观设施

## 二、景观设施与小品在景观设计中的作用

我们来分析一下景观设施与小品的具体功能。环境艺术品是面向大众的审美形态，它的功能也是与大众需求分不开的，并对社会发展、区域环境产生积极的影响。室外环境艺术品的主要功能有以下几点。

（1）美化环境：景观设施与小品的艺术特性与审美效果，加强了景观环境的艺术氛围，创造了美的环境。

（2）标识区域特点：优秀的景观设施与小品具有特定区域的特征，是该地人文历史、民风民情以及发展轨迹的反映。通过这些景观中的设施与小品可以提高区域的识别性（图4-45）。

（3）实用功能：景观小品尤其是景观设施，主要目的就是给游人提供在景观活动中所需要的生理、心理等各方面的服务，如休息、照明、观赏、导向、交通、健身等的需求。

图4-45 优雅的景观小品

（4）教育和娱乐：有些景观设施如报栏、游戏器械等可以为游人提供学习教育和休闲娱乐功能。

（5）提高整体环境品质：通过这些艺术品和设施的设计来表现景观主题，可以引起人们对环境和生态以及各种社会问题的关注，产生一定的社会文化意义，改良景观的生态环境，提高环境艺术品位和思想境界，提升整体环境品质（图4-46）。

图4-46　表现环境主题的景观小品

### 三、景观设施与小品设计的艺术表现

景观小品与设施在景观环境中表现种类较多，具体包括雕塑、壁画、艺术装置、座椅、电话亭、指示牌、灯具、垃圾箱、健身和游戏设施、建筑门窗装饰等。

#### （一）雕塑小品与装置艺术

雕塑是指用传统的雕塑手法，在石、木、泥、金属等材料上直接创作，反映历史、文化和理想、追求的艺术作品。雕塑分为圆雕、浮雕和透雕三种基本形式，现代艺术中出现了四维雕塑、五维雕塑、声光雕塑、动态雕塑和软雕塑等。装置艺术是"场地+材料+情感"的综合展示艺术。艺术家在特定的时空环境里，将日常生活中物质文化实体进行选择、利用、改造、组合，以令其延异出新的精神文化意蕴的艺术形态（图4-47）。

#### （二）座椅

座椅是景观环境中最常见的室外家具种类，为游人提供休憩和交流。设计时，路边

图4-47　日常物质形态也可以产生新意

的座椅应退出路面一段距离，避开人流，形成休憩的半开放空间。景观节点的座椅设置应设置在有背景且面对景色的位置，让游人休息的时候有景可观。座椅的形态有直线构成的，制作简单，造型简洁，给人一种稳定的平衡感。有纯曲线构成的，柔和丰满，流畅，婉转曲折，和谐生动，自然得体，从而取得变化多样的艺术效果（图4-48）。有直线和曲线组合构成的，有柔有刚，形神兼备，富有对比之变化，完美之结合，别有神韵。有仿生与模拟自然动植物形态的座椅，与环境相互呼应，产生趣味和生态美（图4-49）。

由于休息设施多设置在室外，在功能上需要防水、防晒、防腐蚀，所以在材料上，多采用铸铁、不锈钢、防水木、石材等。

#### （三）指示牌

指示牌在景观环境中起到指示和导向的作用，设计时要醒目明确，并注意与环境的协调（图4-50）。

#### （四）灯具

灯具也是景观环境中常用的室外家具，主要是为了方便游人夜行，点亮夜晚，渲染景观

图4-48 具有艺术效果的座椅

图4-49 仿生座椅

(a)

(b)

(c)

图4-50 几种指示牌

(a)透明指示牌与环境融合；(b)简洁现代的指示牌；(c)与环境协调的指示牌

效果。灯具种类很多，分为路灯、草坪灯、水下彩灯以及各种装饰灯具和照明器。

灯具选择与设计要遵循以下原则。

1）功能齐备，光线舒适，能充分发挥照明功效。

2）艺术性要强，灯具形态具有美感，光线设计要配合环境，形成亮部与阴影的对比，丰富空间的层次和立体感〔图4-51(a)〕。

3）与环境气氛相协调。用"光"与"影"来衬托自然的美，并起到分隔空间，变化氛围〔图4-51(b)〕。

4）保证安全。灯具线路开关乃至灯杆设置都要采取安全措施〔图4-51(c)〕。

(a)

(b)

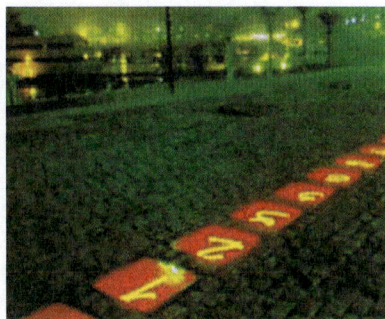

(c)

图4-51 几种灯具

(a)灯光提高环境的艺术氛围；(b)具有立体感的光影变化；(c)特殊灯具形式要注意安全

### （五）垃圾箱

垃圾箱是环境中不可缺少的景观设施，是保护环境、清洁卫生的有效措施。垃圾箱的设计在功能上要注意区分垃圾类型，有效回收可利用垃圾。在形态上要注意与环境协调，并利于投放垃圾和防止气味外溢（图4-52）。

## （六）健身和游戏设施

游戏设施一般为12岁以下的儿童所设置，需要家长带领。在设计时注意考虑儿童身体和动作基本尺寸，以及结构和材料的安全保障，同时在游戏设施周围应设置家长的休息看管座椅。游戏设施较为多见的有：秋千、滑梯、沙场、爬杆、爬梯、绳具、转盘、跷跷板等（图4-53）。

图4-52 垃圾箱也要具有审美的效果

健身设施指能够通过运动锻炼身体各个部分的健身器械，健身设施一般为12岁以上儿童以及成年人所设置。在设计时要考虑成年人和儿童的不同身体和动作基本尺寸要求，考虑结构和材料的安全性。

游戏设施和健身设施一般设置在远离主路的区域，环境优美、安全（图4-54）。

图4-53 儿童游戏设施

图4-54 娱乐健身设施

## （七）门洞与窗洞

《园冶》中讲到："门窗磨空，制式时裁，不惟屋宇翻新，斯谓林园遵雅。工精致虽专瓦作，调度犹在得人，触景生奇，含情多致，轻纱环碧。弱柳窥青。伟石迎人，别有一壶天地。"景观设计中的园墙、门洞、空窗、漏窗是作为游人导向、通行、观景的设施，也具有艺术小品的审美特点。园林意境的空间构思与创造，往往通过它们作为空间的分隔，穿插，渗透，陪衬来增加景深变化，扩大空间，使方寸之地能小中见大，并在园林艺术上又巧妙地作为取景的画框，随步移景，遮移视线又成为情趣横溢的造园障景。

1）门洞的形式有几何形：圆形，横长方，直长方，圭形，多角形，复合形等；仿生形：海棠形，桃，李，石榴水果形，葫芦，汉瓶，如意等。

2）窗洞包括空窗：园墙上下装窗扇的窗洞称为空窗（月洞）。既可采光通风，又可做取景框，扩大了空间和进深；漏窗：在园墙空窗位置，用砖，瓦，木，混凝土预制小块花格等构成灵活多样的花纹图案窗（图4-55）；景窗：即以自然形体为图案的漏窗。

门洞与窗洞的材料可就地取材，直接采用茅草，藤，竹、木等较为朴素的自然材料。

## （八）桥

桥梁是景观环境中的交通设施，与景观道路系统相配合，联系游览路线与观景点，组织景区分隔与联系。在设计时注意水面的划分与水路的通行。水景中桥的类型有汀步、梁桥、拱桥、浮桥、吊桥、亭桥与廊桥等（图4-56）。

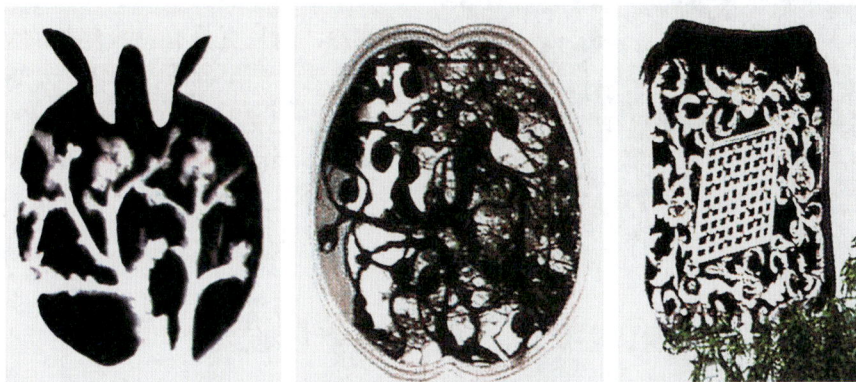

**图4-55　灵活多样的图案窗**

(a)　　　　　　　　　(b)　　　　　　　　　(c)

**图4-56　几种桥的形式**
（a）植物园中的空中栈桥；（b）颐和园的亭桥；（c）水果园中的小木桥

## 四、景观设施与小品的设计原则

室外景观设施与小品在创作过程中所遵循的设计原则，主要从以下几个方面来体现。

### 1. 功能满足

艺术品在设计中要考虑到功能因素，无论是在实用上还是在精神上，都要满足人们的需求，尤其是公共设施的艺术设计，它的功能设计是更为重要的部分，要以人为本，满足各种人群的需求，尤其是残疾人的特殊需求，体现人文关怀。

### 2. 个性特色

艺术品设计必须具有独特的个性，这不仅指设计师的个性，更包括该艺术品对它所处的区域环境的历史文化和时代特色的反映，吸取当地的艺术语言符号，采用当地的材料和制作工艺，产生具有一定的本土意识的环境艺术品设计（图4-57）。

### 3. 生态原则

一方面节约能源，采用可再生材料来制作艺术品。另一方面在作品的设计思想

**图4-57　反映时代特点的景观小品**

图4-58　特定的景观符号成为情感的节点

上引导和加强人们的生态保护观念。

### 4.情感归宿

室外环境艺术品不仅带给人视觉上的美感，而且更具有意味深长的意义。好的环境艺术品注重地方传统，强调历史文脉，包含了记忆、想象、体验和价值等因素，常常能构成独特的、引人神往的意境，使观者产生美好的联想，成为室外环境建设中的一个情感节点（图4-58）。

## 第六节　景观建筑单体设计

### 一、景观建筑单体的概念

生活中，建筑的类别和功能非常多，按材料来分，主要包括土结构、木结构和砖石结构、钢结构、膜结构等。按使用功能分，有公共建筑、民居、工业建筑等。我们在这一节所讲的景观建筑单体，是指景观区域内的具有实用功能和审美价值的建筑单体元素，如大门、亭子、水榭、桥、售卖部等建筑形态，像水体、植被、雕塑一样，景观建筑单体是景观设计中的美学元素之一。

景观建筑单体与实用建筑既相联系又有区别。普通建筑主要是满足使用功能，侧重于聚居空间的塑造，重在人为空间设计，较少考虑与周边环境的关系。与普通建筑相比，"由于园林建筑在物质和精神功能方面的特点，其用以围合空间的手段与要求，和其他建筑类型在处理上又表现出许多不同之处"。景观建筑功能简明，体量小巧，富于神韵，立意有章，精巧多彩，更注重形态的艺术性和个性，并与景观环境相融合，为景观服务。景观建筑具有审美价值，本身就是一道亮丽的景观。

### 二、景观建筑单体在景观中的作用

#### 1.满足功能要求

景观建筑首先要满足人在游览过程中对各种使用功能的需求，这是建筑在景观环境中存在的基础。比如休息、遮风避雨、餐饮、游艺等。

#### 2.点景

建筑景观在造园上未必起主导作用，常是点缀与陪衬，即所谓"从而不卑，小而不卑，顺其自然，插其空间，取其特色，求其借景"。

#### 3.赏景

通过建筑观赏外边的景色，门洞、窗洞都是框景的方式。

#### 4.组织景观空间

景观空间的组织和布局是景观设计的重要内容，不同空间形态的序列变化、巧妙的组织，会给人带来美好的境界。各种建筑类型和部件，正是划分、组织景观空间的好方式，如庭院、游廊、花墙、门洞等。

## 三、建筑单体在景观设计中的表现形式

建筑单体根据功能，主要分为以下几种表现形式。

### （一）游憩性建筑

游憩性建筑主要指具有休息、观赏功能，造型优美的建筑，如亭子、廊、榭等。

#### 1. 亭

《释名》云："亭者，停也。所以停憩游行也。"由此可见，亭是供游人停歇，纳凉，避雨，眺望观赏的地方。亭通常设置在风景优美的地方，使游人在歇息的时候有景可观（图4-59）。

亭在造型上娇美轻巧，玲珑剔透，亭四面多开放，空间流动，内外交融，与周围的建筑、绿化、水景等元素相互结合而构成园林一景。传统亭的常见形式多为三、四、五、六、八角形亭，还有仿生形亭如睡莲形、扇形、梅花形等。以竹，木，石，砖瓦等地方性传统材料修建。按立面造型分，有单檐、重檐及三重檐之分。单檐亭的造型比较轻巧，是最常见的一种形式。多檐亭则给人以端庄稳重之感，在北方皇家园林中较为多见。在现代景观设计中，形态抽象、简洁、布置灵活，较多采用混凝土、不锈钢、玻璃、张拉膜等新型材料建设而成。亭虽小巧，却需要精心设计才能在景园中起到画龙点睛的作用（图4-60）。

图4-59 自然朴实的亭子

图4-60 现代抽象的亭子

#### 2. 廊

廊是亭的延伸，以长条状的形势出现在平地、水边、水上和山地上，随山就势，曲折迂回，不但具有遮风、避雨和休息的实用功能，还是交通联系的通道，起到引导交通、联系景点、划分空间、丰富空间层次的作用。

廊的形态非常丰富，从剖面上来看，主要有双面空廊、单面空廊、复廊和双层廊等。从形态上看，有直廊、曲廊、回廊、折廊、双面空廊、单面空廊、复廊、双层廊、爬山廊、叠落廊、桥廊等。在设计时选用何种类型的廊，要根据具体地形地貌而定，与环境和谐统一，浑然一体（图4-61）。

#### 3. 榭

《释名》云："榭者，藉也。藉景而成者也。或水边，或花畔，制亦随态。"这一句非常形象地说明了榭在景观环境中所处的地位。榭，通常建于水边平台之上，建筑四面开敞通透，与周边景物相互沟通融合，因借成景，有供游人休息以及观景、点景的作用（图4-62）。

榭与水体的配置方式多种多样，从平面上看主要有：一面临水，两面临水，三面临水以及四面临水等形式，建筑轻巧，低临水面，形成驾临碧波之上的效果，既能满足游人临水观景的需求又形成水面上的一道亮丽风景线，使水面景色锦上添花，并增加水面空间层次。

图4-61　传统园林中的廊

图4-62　水榭因借成景

### （二）服务性建筑

服务性建筑指为游人提供生活服务的建筑，如茶室、售卖部等。

#### 1. 茶室

茶室是在园林中提供饮料，供游人休息、赏景、会客的地方。茶室一般建筑在有景可赏的景观环境中，室内外空间开敞流通，使客人在室内可以观赏室外的风景，同时茶室本身也起到点景的作用。另外要注意室内外空间结合，便于因季节和气候不同而调整。比如，夏季因为游人增多可以在室外树下摆放桌椅纳凉喝茶。冬季游人减少，室内空间就可以满足要求（图4-63）。

#### 2. 售卖部

在景观区域内，根据游人需要可设置一些商业服务建筑，用来经营饮料、食品、摄影和花鸟等旅游工艺纪念品。这些售卖部建筑体量虽然不大，但数量不少，在设计时，应注意配合景点位置来规划，以方便游人逗留、购买。造型上要与观赏性建筑以及周边环境统一协调，起到点景的作用。

### （三）文化娱乐建筑

为游人提供各种文化娱乐活动的建筑，如露天剧场、展厅、游艺厅等。

#### 1. 露天剧场

早在古希腊和罗马时期的景观环境中，

图4-63　景观中的茶室

图4-64　古代西方的露天剧场

就出现了各种露天剧场的形态（图4-64）。在现代景园的设计中，表演和展示活动更加丰富了，露天剧场在现代景观环境中成为一种较常见的开放性建筑物，游人在这里观看节目表演。在平日里，也可以用做公众集会、休闲或健身的场所。

露天剧场的设计形式多样，主要考虑舞台和观众席的布局关系，可以依照地形地貌和周边的环境灵活布置，并通过声、光和多媒体手段来烘托观演效果。

### 2. 展厅

展厅主要用于举办的各种展览展示活动，如科普知识展、艺术作品展、科技成果展等。展厅宜设在环境幽雅、人流较多的位置，造型简洁大方，可有适当开敞空间，内外沟通，光线充足，以突出展示效果，吸引游人注意（图4-65）。

图4-65　与景观融为一体的现代展厅

## 四、景观建筑单体的设计原则

### （一）布局因地制宜

善于利用地形布局景观建筑，巧于因借，将建筑与水体、植物等自然元素融为一体，为建筑增添生命活力。

### （二）内外空间处理灵活

景观建筑内部空间应与外部景观紧密联系，将建筑单体扩展，提供一系列半室内的空间，并将这空间最大面积地绿化、美化，将景观引入。这就要求不只是将建筑作为单体对待，应充分注意它外部的环境，将建筑本身作为景观的轨迹，使建筑成为外部风景的一部分，而外部风景又是建筑不可分割的延续，无论从建筑尺度上，还是空间组织上，均充满了新鲜感和愉悦感，使建筑可居、可游、可观。同时要加强或完善空间细节，提升空间品质，体现出人性化的特性。

### （三）创作风格

景观建筑形体需经过充分的艺术化考虑并将其外化，将建筑与绿化、铺地、灯光、山水综合有机地组织在一起，与景观环境风格协调，并在景观构图中起到重要作用。

### （四）情景交融

古典园林中的建筑常与诗画结合，加强感染力，达到情景交融的境界。现代景观建筑也需根据景观主题创造形态，给人以美妙意境，情趣感染。

### （五）保护生态、回归自然

在环境构筑物中，应尽量取材于原汁原味，线条要自然、流畅，与自然环境相融合。不宜于那种规则、死板的钢筋、混凝土及基桩营建构筑物。

除了以上所讲的要素之外，景观设计还包括其他的元素，比如声、光、气味、动物，甚至多媒体等，尤其在现代化的景观设计中，科技占了很大的比重，传统的景观元素固然重要，其他的元素也是反映景观特色的重要补充，在做好基本景观元素构成之后，这些新的构成元素将会使最终的设计更完善。

# 第五章
# 景观设计的过程与方法

> ✎ **重点提示**  本章是教材的核心部分，将涉及景观设计的一般性过程，以及当前进行景观设计的主要方式、方法。通过对这些过程的了解，和设计方法的学习，使读者初步掌握进行景观项目设计活动的必备知识，并能完成一些简单的景观设计任务。

## 第一节  景观设计的价值评判

景观设计是一种主观思维的创造性活动，而景观的形式和内容，除了满足投资方和使用者的需求以外，还取决于设计师的主观设计活动和客观存在的各种限制条件。一般而言，在景观设计过程中，设计师既要考虑景观要素的功能性、经济性、艺术性等因素，还要考虑当地的历史背景、文化传统、城市规划要求、周围环境条件（地质、地貌、气象、气候）等因素，这些因素都会影响景观的形式和特点。因此设计师必须综合考虑各种因素，充分协调以解决各种问题。概括而言，一个成功的景观设计作品，必须要把握住以下几方面：景观总体布局；景观设计立意；景观功能；艺术性追求；建造技术。

其中景观总体布局尤为关键。景观布局应有全局观点，综合考虑，预想到景观实质形态和空间形态的各项因素，做出总体设计，使景观的功能和艺术处理与城市规划等各项因素彼此协调。从根本上，总体布局将决定景观建成后的整体形象，以及其中各部分之间的协调关系，因而设计中关于总体布局的思考，将直接决定景观的整体结构，并决定后续设计的可能性。

景观艺术作品具有实用与美观的双重作用，不同的景观艺术作品根据其不同的性质和特征，它们的双重作用将会有不平衡的表现。在正确的景观设计过程中，设计师不仅要考虑人们在物质生活方面的需要，还要考虑人们在精神生活方面的需求。景观设计不仅是一个实际空间环境的创造过程，也是一种艺术性的创造过程，设计作品要体现统一的艺术特色和艺术个性（图5-1）。景观艺术的性格主要取决于景观的性质和内容。一般来说，

图5-1  苏州网师院                    袁鹏 摄

在设计过程中，突出政治文化、纪念性主题的景观设计作品，艺术性的处理会比较明显，要求布局庄重、严整（图5-2）；而在一些商业性、休闲性等实用功能比较强的景观设计作品中，首要体现的应该是景观的使用效果，而对其艺术性效果的考虑则处于相对次要的位置，其形式也可以自由、轻松一些。此外，景观艺术设计不仅仅是一个艺术性问题，它还有着更为深刻的内涵。在景观设计中，应鼓励并提倡设计师运用新的设计思想与理论，利用新技术与新材料，通过景观设计折射出所处时代的精神面貌，体现城市在一定历史时期的文化传统积淀。

图5-2 北京人民英雄纪念碑

创意和特色是景观设计的灵魂。想要做好景观设计，设计师一方面要分析周边环境可能对景观产生的影响；另一方面还要设想景观将来在城市人文与自然环境中的效果。成功的景观设计作品会将自然界客观存在的"境"与设计师主观构思的"意"相结合。此外，某些环境有特色的景观设计佳作恰当结合了地形的高低起伏，充分利用当地的材料和现状环境中有特色、有利的因素，做到就地取材、因地制宜。在现代化的城市中，生活在钢筋水泥的高楼大厦中的居民，渴望更多地接触大自然，所以在城市景观设计中，更多地利用自然环境的因素是当前景观设计的一种内在要求（图5-3）。

通过以上关于景观设计各方面目标的描述，使我们大致可以了解到，一个好的景观设计作品，在整体上应有良好的总体布局，切合立意的设计，各种功能完善解决，能适当体现艺术追求，并具有良好的建造可行性。这些方面可以构成对景观设计作品的基本评价标准，只有在这种整体追求的基础上，才可能实现在景观环境与设计其他方面的各种追求（图5-4）。

图5-3 中山市岐江公园一角

图5-4 日本某小区宅前景观

# 第二节　景观项目设计的基本程序

一个科学合理的景观设计进程程序，可以引导并解决在景观设计过程中出现的诸多问题；可以告诉设计师应该先考虑什么，再考虑什么；可以确保景观设计过程顺利进行。设计程序也只是一种步骤的架构，是协助设计者将工作系统化并尽可能找出最佳设计方案。根据景观设计的相关规律，景观设计程序应该是从整体到局部、从宏观到微观，逐渐深入下去，一般可以划分为以下五个阶段：同投资方接触交流，收集与设计有关的各类相关资料；绘制景观平面、立面、剖面及效果图等方案阶段图纸；确定景观设计的初步方案；对所确定的景观初步方案进行相关的技术设计；绘制景观设计方案的施工图及节点详图等最终施工图纸。

对以上提到的这五个景观方案的设计阶段，还可以将其合并为以下三个主要阶段。

## 1. 前期准备阶段

景观方案设计的前期准备阶段是指设计师通过与投资方、业主接触，接受设计委托，初步了解设计对象的性质和内容，并根据所收集的资料和对设计现场的勘查分析，对设计对象有了一个总体上的认识和把握。这一阶段同时又是接下来进行景观设计方案构思必不可少的前提和基础。

## 2. 立意构思阶段

景观方案设计的立意构思阶段是整个景观设计过程中最主要的阶段。在这一阶段当中，景观设计方案从无到有逐渐成形，对景观方案的下一步进展起到至关重要的作用。在景观方案的立意构思阶段，设计师要解决的主要问题有：

（1）对景观设计方案要表达的精神内涵有初步的确定；

（2）对景观设计对象的主要内容（包括功能和形式两方面）的安排有大致的设想；

（3）初步考虑景观设计中各要素的结构类型、材质、工程预算和主要的技术指标等。

## 3. 比较完善阶段

比较完善阶段是景观方案设计的最后一个主要阶段。它是指在景观设计方案的立意构思基本确定之后，将其细部设计和相关施工建造技术上的问题作最后的斟酌与推敲，使景观设计方案能够更加趋于完善，并最终用详尽的设计图纸和景观模型等表达方式将景观设计成果清楚地表达出来（图5-5）。

通过本节内容的学习，希望广大同学对构成景观方案设计的设计程序的几个主要阶段能够有一个大体上的了解。在整个景观设计程序当中，这几个设计阶段相互之间关系密切，相辅相成、缺一不可。本章接下来将把景观设计程序当中的那三个主要阶段各自独立成节，分别对景观设计的各主要阶段的内容进行展开并加以详细论述。

图5-5　中山市歧江公园中的铺地与绿化

# 第三节 景观设计的前期准备阶段

## 一、接受设计委托

在开始进行景观设计之前，设计师应该与景观设计项目的投资方或者业主积极接触，双方要先做到初步地沟通和了解。如果条件允许，设计师可以从投资方或者业主的立场和需要出发，加上设计师自身积极的配合与引导来确定设计依据。设计依据是景观方案设计的前提，而景观项目设计任务书则是最直接的设计依据。

景观设计任务书一般由委托方以书面的形式提出，其中包括项目名称、建设地点、用地概况以及景观的主要使用要求等内容。设计师也可以根据相关的设计依据对所设计的景观设计项目进行可行性研究，提出地段测量和工程勘察的要求，落实某些建设条件，并估算出设计费用，最后双方责任人应签订合约，这样可以避免日后双方发生误解而引发法律诉讼等问题。接受设计委托是景观设计程序中的开端，同样也是其非常重要的一个组成部分。

## 二、现状调研与测绘

景观设计用地的现状条件是进行景观设计的客观依据。无论是设计一个大的景观还是一个小的庭院，设计师在设计之初，必须先了解设计用地的地形地势以及原有的地上设施和邻近的环境状况。于是，对基地的调查、测绘与分析就成为一项十分重要的工作，也是协助设计师解决基地问题最有效的工具之一。对基地的调研范围主要包括以下三个方面。

（1）自然环境条件。包括地形、地貌、地质、地势、气象、气候、方位、风向、湿度、土壤、雨量、温度、风力、日照、面积等。

（2）人文环境条件。包括都市、村庄、经济、人口、交通、治安、邮电、宗教、法规、教育、娱乐、风俗习惯等。

（3）其他环境条件。如基地的建筑造型、市政给排水系统、通风效果、空间距离、日常维护管理等。

其中，基地的测量工作对下一步的设计十分重要。设计师应用仪器测量基地范围内的各种地形地貌（包括山丘、河流、房屋、道路等地物间的距离、方位及高度），并绘制成现状用地平面图。

现状用地平面图的内容应包括地形、植被、水体、道路、建筑物、结构物（如墙、变压器、电线杆、地下管路等）及基地附近的环境（如与相邻道路的关系、附近的建筑物、构筑物、植栽等），要尽量考虑到影响设计的所有因素。现状用地平面图需简洁明了，在保持图面完整性的同时，最好不用太复杂的图例，因为在景观设计的各阶段都要用到它。

通过对基地现状的调研，设计师就可以很好地把握环境因素对景观设计的制约与影响，帮助其做出重要的决定和全盘性的计划，不断进行构思与布局，做出理想的设计方案。

在景观设计的前期准备阶段，设计师除了依照自身的理想构思外，还须考虑委托方的需求、经费与自然环境的限制、景观的目的、造园材料的搭配等诸多因素。以自然条件与人文条件为基础，再加上业主的意见，综合考虑以决定景观的形式，这可以为将来的施工、管理及维护节省很多工作，也能够使建成的景观满足投资者、使用者和社会所期望的各种物质和精神需求。

刚刚接触景观设计专业不久时，除了设计任务书和相关的理论资料外，借鉴和学习同类型已建成的景观项目，也是在景观设计前期准备阶段应该完成的工作。我们可以从同类型的景观设计中获得资料，同时也可以实地考察，通过速写、拍照等手法加以记录，还可以从互联网中收集资料。所以，对于一个初学景观设计的学生来讲，平时的观察与积累尤为重要。平日积累的知识多了，个人的专业素养得到提高，做起设计来就会得心应手。

总之，准备阶段是做好后续工作的基础。它是在广泛收集资料的基础上进行归纳整理，确定重点，形成对设计项目的总体认识，为接下来的立意构思工作打好基础。

# 第四节　景观设计的立意构思阶段

通过景观设计的前期准备阶段，设计师对景观设计项目的基本情况有一个了解，接下来就可以进入景观设计的初步方案阶段了。这一阶段是景观设计立意与构思基本成形的阶段，所以它也是整个景观设计过程中的关键阶段。

在景观的初步方案设计中，设计师要考虑和解决景观的布局方式、空间和交通的联系、景观的艺术效果等具体问题。在考虑取得良好艺术效果的同时，设计师还应该考虑结构与技术的经济性、合理性与可实施性。

## 一、方案的立意

各种艺术形式的创作，无论是文学、绘画还是音乐，都必须有创作的主题，即所谓的立意，景观的创作也是如此。立意是作者创作意图的体现，是创作的灵魂，在构思之前就应该先有立意。古代文学家在总结创作经验时有"文贵立意"、"意在笔先"的提法，这些都强调了立意应该先于构思。

在景观设计中，立意的来源十分广泛，可以涉及景观设计的各个方面，如：功能、形式、环境、文脉、技术、经济、能源等方面。立意的切入点和突破口很多，有时会来自景观设计的某一个具体方面，有时则是多个方面的混杂。由于每个景观设计师的文化修养和专业侧重点不同，对于同一个景观设计项目，每个人都会产生出与众不同、丰富多彩的立意，创造出富有个性的景观设计方案（图5-6、图5-7）。一个成功的设计立意可以在满足功能、形式、环境、

图5-6　上海人民广场　　　　　　　　　　袁鹏　摄　图5-7　大连星海广场

技术等基本问题的基础上把设计对象推向更高的层次，使设计作品具有更深刻的内涵和境界，因此好的立意对景观方案的构思起着决定性的指导作用（图5-8）。

### 二、方案的构思

方案的构思是景观设计过程中最基本的环节，同时也是最重要的环节，应该贯彻景观设计过程的始终。构思源于立意，是在立意的切入点基础上逐步展开的。因此，在保证立意的前提下，设计师应对基地环境进行场地分析，绘制场地分析图与功能分析图，解决景观构思中遇到的相关问题。方案的构思就是通过具体的某些景观要素（功能、形式、技术等），把方案的立意发展完善，形成了设计方案的雏形。

在景观设计中，构思的核心是要有新意，创意和特色是景观设计的灵魂，设计师要敢于挑战自我、推陈出新。1983年，贝聿铭先生改造法国卢浮宫的工程，设计师把建筑空间全部设于地下，只是在广场上建了一座玻璃金字塔作为地下空间的入口，其运用镜面玻璃的反射解决了新老建筑的协调问题。贝聿铭对金字塔的位置、体量和形式等方面作了恰当的处理，使这

图5-8 北京奥林匹克公园总平面图

个多棱透明体成为历史建筑群的现代装饰品，同时也创造了一件伟大的景观设计作品（图5-9）。但是，这个过程是艰苦的，需要设计师将客观存在的"境"与主观构思的"意"相结合，充分体现因地制宜的设计原则，将人的想象转化为具象的景观形态。

画家与诗人分别通过绘画和文字来进行艺术创作、表达他们的思想。而对一名景观设计师而言，其形象思维的表达方式则更加宽泛，语言文字、图示、模型、计算机演示等都是表达景观创作构思的语言。

设计构思从源自立意的抽象思维到构思成果的表达，整个过程实际上是一个脑、手、眼协调工作的循环过程。在设计方案的构思过程中，思维与表达是相互依存、相互促进的。

图5-9 巴黎卢浮宫前广场

袁鹏 绘

因而，在这一过程中，设计师要逐步养成多看、多想、多动手的好习惯，才能掌握构思的正确方法，达到事半功倍的良好效果。

在设计构思过程中，设计师的形象思维要求具有丰富的空间想象力，始终要有立体空间的概念，以此来解决景观的形式与功能问题，决不能把景观的立体形态简单分割成平、立、剖面的设计。从构思开始，景观就是一个立体的整体。至于"先有平面还是先有立面"，只是画图的先后顺序而已。先画平面草图时，要考虑该平面对立面的影响，反之亦然，而且要根据需要反复调整（图5-10）。

在景观设计的过程中，立意与构思是景观艺术创作的关键，但不是创造优秀设计的全部。它还有更广泛的内容，好的立意和构思还得有好的技术来支持和实现，设计师应该认真地研究解决从总体把握到细部处理在内的各种问题。例如悉尼歌剧院的设计，立意和构思均属上乘，但在结构与技术方面缺乏考虑，以致造价翻了几番。虽然歌剧院日后成为悉尼港一处举世闻名的景观，但是当年的方案构思在实施性方面存在着一定的问题（图5-11）。

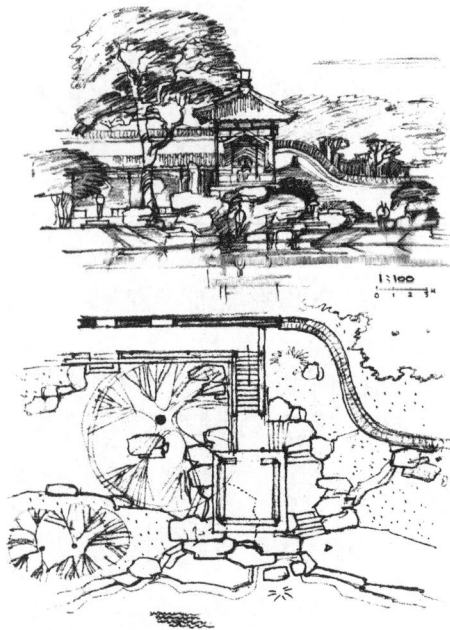

图5-10　景观铅笔画　　　　　　　　图5-11　悉尼歌剧院　　　　　　　　　　　　　　袁鹏　绘

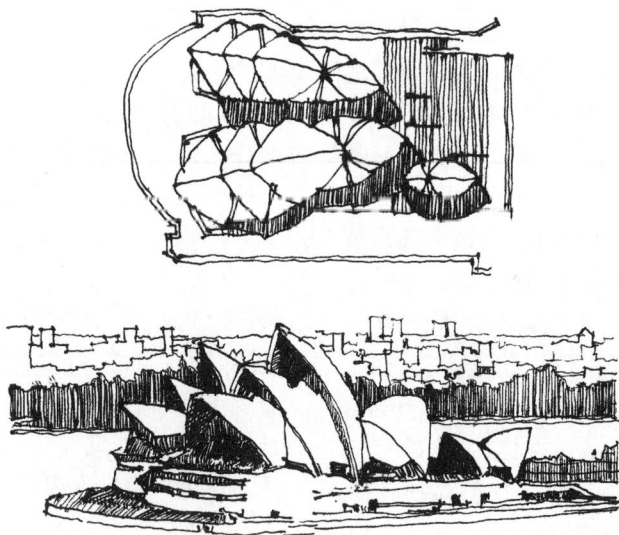

对于某些刚刚接触景观设计的设计师和在校的大学生，在进行景观设计的过程中，应该注重理性观点（逻辑思维、施工常识）和感性观点（造型感觉、美学表现）的共同培养。在学习景观设计的初期，先尝试从功能入手进行方案的立意与构思是较易上手和掌握的，这样往往容易合理而富有创意地满足功能与空间的要求。

# 第五节 景观设计多方案的比较与优化

## 一、多方案的构思

### （一）多方案构思的必要性

在某种程度上，因为受到中学时代的教育内容与学习方式的潜移默化的影响，所以当一些刚刚踏入大学校门的同学在认识事物及解决问题的时候，主观上习惯性地认为方法与结果具有唯一性与明确性。但是，对于景观设计这门学问而言，存在着多样的、相对的和不确定的认识和解决问题的方式与方法，每个景观设计方案都要有其独到之处，主要原因是由于景观设计涉及的因素非常复杂，要解决的矛盾也非常多。在认识和对待这些因素时，设计师任何轻微的侧重便会产生不同的方案，只要设计师保持正确的景观观点，所创造的任何方案就没有简单意义上的对错之分，只有优劣之别。

多方案构思也是由景观设计的目的性所决定的。方案构思是一个过程而不是结果，无论是设计者还是建设者，取得一个完美的设计方案才是其最终的目的。然而，怎样才能创造一个理想的设计方案呢？众所周知，一个"绝对意义"上的最佳方案是不可能的，因为受到空间、时间、经济及技术等条件的制约，设计师不具备创造所有可能性方案的能力，只能去获得所谓"相对意义"上的"最佳"方案。因此，对于某一个具体的景观设计项目，只有多方案构思才是创造这一"最佳"方案最可行的方法。

此外，多方案构思还是民主参与意识所要求的。通过将多方案构思进行民主公示，让使用者和管理者都能真正参与到景观设计的过程中来，并鼓励他们积极发表意见和建议。多方案构思所伴随而来的分析、比较、选择的过程使"以人为本"的设计思想真正成为可能。

### （二）多方案构思的原则

为了对景观设计方案进行优化选择，多方案构思应满足如下原则。

其一，应提出数量尽可能多，差别尽可能大的方案。如上文所述，能够决定设计方案优化水平的基本衡量标准就是可供选择的设计方案的数量及其差异度，差异性保障了各个不同设计方案之间的可比较性，而一定的方案数量则可以保障科学选择所需的空间范围。为了实现设计方案在整体布局方式、形式组织结构以及造型艺术设计上的丰富性与多样性，景观设计师需要从多角度、多方位来审题，有意识地变换设计方案的侧重点。

其二，所提出的设计方案都必须满足功能与环境的基本要求，否则，数量再多的设计方案也是没有实际意义的。为此，景观设计师在方案的设计过程中就应该进行必要的推断及筛选，及时否定那些不可取的方案构思，避免浪费无谓的时间和精力。

## 二、多方案的比较

在景观设计过程中，当设计师创造出多个设计方案之后，设计师应主动对设计方案展开必要的分析与比较，从中筛选出相对理想的可以继续深化的设计方案。在这一阶段，分析与比较景观设计方案的重点主要集中在以下三个方面。

其一，分析与比较设计方案是否满足设计要求。对项目设计要求（包括功能、环境等因素）的满足程度是判断一个景观设计方案是否合格的基本标准。如果一个设计方案不能满足基本的设计要求，那么无论该方案有如何独到的构思，它也绝对不可能成为一个优秀的方案。

其二，分析与比较设计方案的个性特色是否突出。一个成功的景观设计方案应该是可以打动人心的，缺乏个性的景观设计方案一定是平淡无味的，同样也是不可取的。

其三，分析与比较设计方案继续修改和调整的可能性。虽然每一个设计方案或多或少地都存在些许缺点，但是有些设计方案的缺陷尽管不是致命的，却是将来难以继续修改完善的。有时多个方案设计得各有千秋，此时，有些方案的优点是可以综合的，这种综合必须以设计方案的优化提高为原则，既不能带来其他更大的问题，也不能失去原来方案的特点与优势。

构思的景观设计方案不可能尽善尽美，每个方案肯定会有些许缺点。评价一个方案的优劣，应该看它是否解决了景观的主要矛盾。次要问题是可以修补或弥补的，但是主要问题不解决或解决不好，会影响到方案设计的全局。

对不同的景观设计方案进行比较，不是说设计方案的数量越多比较的效果就越好。为了能够创造出多个不同风格的设计方案，有些刚刚接触景观设计的同学充分发挥了自己的想象力，提出了各式各样、五花八门的景观设计方案。在某种程度上，设计师放开设计思路固然可嘉，但是也不能天马行空、异想天开，设计出一些不切实际、无法实现的设计方案。景观设计是一项工程设计，不是一种纯粹艺术的创作，一个切实可行的设计方案的诞生是建立在依托现实条件的基础之上的，是以满足景观的功能要求为主要目的的。

## 三、方案的优化过程

### （一）优化的必要性

对设计师所创作的景观设计多方案的构思进一步深化调整之前，设计方、使用方与投资方应该通过多方案的比较，在多个设计方案当中选择相对理想的设计方案，即最终的深入发展方案，同时综合其他各方案的优点，取其精华，弃其糟粕，对选中的设计方案进行调整优化。一方面，可以为下一步的景观设计打下良好的基础；另一方面，可以尽量避免因为设计方案构思的失误而对时间和精力造成不必要的浪费。

### （二）方案的调整

虽然设计方、使用方与投资方通过多方案比较的方式选择出了相对最佳的景观设计方案，但此时的设计方案仍然处在大想法、粗线条那种较低的设计层次上，在某些具体方面仍然存在着许多问题。为了达到方案设计最终要求的阶段，必须对设计方案进行必要的调整和深化。

景观设计方案调整阶段的主要任务是解决设计方案在多方案比较分析的过程中所出现的所有问题，设法弥补设计方案中存在的缺憾。调整景观设计方案就是对原有设计方案进行必要的修改与补充，不但要继续保留原有方案中的个性特色，而且要进一步提升和完善原有设计方案的优势和水平（图5-12）。对设计方案的调整包含的主要内容有：

（1）进一步完善和强化与周边环境的关系，完成较为详细的景观总平面设计。

（2）确定各个景观功能的区域范围、特性以及相互关系，完成较为详

图5-12　朗香教堂　　　　袁鹏　绘

细的景观平面设计。

在解决景观功能分区的基础上，完成景观小品的形象设计，完成景观立面图、剖面图及其效果图的绘制。

（3）完善某些景观节点的结构技术要求，进行材料的选择以及构造的初步设计，完成较为详细的景观节点大样图。

考虑相关市政设施的要求。

### （三）方案的完善与深化

当景观设计方案调整阶段完成之后，将会进入景观设计的另一个环节——完善阶段。完善阶段的内容主要包括以下两个方面。

（1）完善景观设计过程中建造技术方面的问题。如确立构筑物的结构与构造、景观细部的具体做法、景观的色彩与材质等（图5-13）。

技术的完善是设计方案完善阶段的第一个方面，既涉及景观总图中的问题，也包括平、立、剖面中的细节问题，可以说是对设计方案构思阶段的延续和补充。方案的构思阶段经过多次反复综合形成的是相对完整的景观意象，方案的完善阶段就是通过对各种建造技术问题的处理，使景观设计方案变得更加细致和完整。完善阶段对景观设计方案的结构性大改动可能性不大，一般是在大的景观意象不变的情况下对其进行细微的调整。

（2）协调景观形象和内部空间的关系（图5-14）。

在设计方案的完善阶段，设计师完善一些景观细部的同时，景观立面和平面之间的关系也随之发生了变化，对此设计师要有充分的认识，并根据需要及时对设计方案做出相应的调整，使景观内部空间与形式相辅相成、协调一致。当设计师对景观的功能和形式有了大概的布局之后，还应考虑和处理景观与城市规划的关系。例如景观与周围建筑高低、体量的关系，景观对城市交通的影响，城市规划对景观设计的要求等。

图5-13　北京国家体育场——鸟巢

图5-14　国家游泳中心——水立方

在设计方案完善的同时，设计师还应对设计方案的某些细节继续深化下去。在设计方案的深化阶段，为了更好地解决细节方面的问题，设计师最好结合实际情况，适当地放大图纸的比例。方案构思过程的比例一般定为1∶200或1∶300，而在方案进入深化阶段以后，图纸比例一般会放大到1∶100或1∶50。在设计方案的深化阶段，还有两方面问题值得设计师注意。

（1）景观设计的各个细节必须满足有关法律和设计规范的要求。

（2）设计师要持之以恒，保持足够的热情和信心，不可半途而废。设计方案的调整深化不可能一次性完成。在此过程中，设计师要有耐心，逐个解决细节问题，协调好各方面的关系。同时，设计师应统揽全局，避免出现某一细节完成得天衣无缝，而其他地方草草收场的尴尬局面。

对景观设计方案进行多方案的比较和优化调整是整个景观设计过程中最为重要的组成部分，所以，这一节的内容是这一章的重点。作为一名刚刚接触景观设计专业的学生，如果想要创造一件满意的景观设计作品，最好是能够按照"多方案构思→多方案比较→选定深化方案→深入完善方案"这样一条景观设计进程，循序渐进，向自己理想的设计方向不断前进。

## 第六节　景观环境深入设计

经过景观设计构思立意的确立、设计方案的创作与多方案比较并最终定案，在整体上，景观设计的创意阶段便基本告一段落。当然在后续设计过程中，还将可能对设计方案进行局部调整和优化，甚至可能对已确定方案有较大调整，但这一过程首先主要是局部性的，其次正是基于前述所定方案逐步发展而来，因而已定方案是一种阶段性成果。接下来的设计工作，首先需将方案确定的多方面原则、立意、思路等，贯彻和体现于景观环境的各类构成要素中（图5-15）。关于景观环境的构成要素，前一章已经对其具体内容有较为系统的描述，因而以下将重点介绍这些要素的设计作用与处理手法。

图5-15　山东沂源县某公园一隅　　　　　　　袁鹏　摄

### 一、景观要素的设计分类

设计师在设计景观设施时，应把实用性作为设计基础与出发点，再使其与整个景观环境相协调。否则，景观设施会破坏环境的整体美感。

景观设施的造型要符合人体的尺度和满足使用要求的同时，还要考虑使用者的审美标准。这种设计考虑不能脱离实际环境，必须在造型和选材等方面贯彻"以人为本"的原则，解决好艺术与技术、美学与实用、行为与心理等问题。

### 二、景观要素的设计作用

所谓设计作用，是指这些要素在设计过程中，设计者实现各种设计意图的作用。

景观环境设施可根据各个设施使用功能的不同，分为如下几个部分：

（1）造景设施（假山雕塑、喷泉瀑布、花坛植物等，如图5-16所示）；

（2）休息设施（廊亭、座椅等）；

（3）游戏设施（秋千、跷跷板、滑梯、沙坑等）；

（4）服务设施（垃圾箱、电话亭、停车场、便利店、公厕等）；

图5-16　花坛

（5）管理设施（围墙栏杆、照明灯具、招牌标识、管理室等）。

景观环境设施还可根据是否具有可移动性，分为两大部分。

（1）"硬件"部分，亦指不可移动的部分。具体又分为：建筑与构筑物（包括亭、桥、便利店、公厕、雕塑、围墙等）、地面铺装、水池、踏步及游戏器械等。

（2）"软件"部分，亦指可移动的部分。具体又分为：公共设施（包括座椅、垃圾箱、招牌标识等）、花草树木、彩旗横幅、照明灯具等。

### 三、景观要素的设计处理手法

#### （一）园桥

桥在景观环境中应用较多，有拱桥、廊桥、吊桥、曲桥等，造型各异。按材料的不同，可以分为：木桥、石桥、铁桥、水泥桥等。桥的功能是渡人，设计师要考虑其安全问题，比如桥身材料、扶手栏杆的合理性和雨天桥面的防滑等问题。桥在解决"渡"的功能基础上，更是为了造景的需要，桥的造型要与周边环境及建筑相协调。因为架设在水面之上，水面会反射出桥身的倒影，所以其造型就显得十分重要。例如我国古典式拱桥，圆孔形的桥洞可以作取景框，走上弧形的桥面，观景视线与视角逐渐被提高，这是拱桥设计的独到之处（图5-17）。

图5-17　园桥

#### （二）水景

因为水景具有观赏价值，一般是景观环境中的焦点，所以在景观设计中起着十分重要的作用。水景一般分为水池、喷泉、瀑布、溪水等（图5-18）。

水池的特点是静，映照出四周的景观，形成实景与虚景的交融，增加景观的魅力。水面上可以点缀一些水生植物，增强观赏性。

喷泉和瀑布都是景观中的水景部分，可以湿润空气，增添动感因素。喷泉造型丰富，常设置在公园、广场等地，与人工环境相匹配，有音乐喷泉、灯光

图5-18　水景

喷泉等类型。瀑布造型一般分为两类：模仿自然式和人工的几何式。

溪流在景观设计中也经常应用。除了可供观赏外，它还能供人戏水之用。其水位一般较浅，设计时应注意安全和卫生因素，防止事故的发生。

## （三）花坛、花盆

花坛造型多样，用材丰富。设计花坛时，不仅要考虑外观，还要注意排水性，以防淹死植物。花坛作为景观设计中的装饰要素，首先应考虑它的造型问题，还要考虑花坛内植物的色彩搭配。花坛只是起衬托作用，不是被欣赏的主体。因此花坛一般造型简洁，以突出花卉植物之美。花坛外形要根据实地情况来定，多采用几何形，也可采用有层次、阶梯式或斜坡式等。其拐角处尽可能是圆角，避免碰伤人。

花盆相对于花坛，优点是体积小，便于移动。花盆的造型装饰性较强。景观设计时，花盆的设计和选用要符合实地环境的整体风格，注意色彩和造型的统一，保持景观的整体感。

## （四）景观雕塑

景观雕塑在景观设计中经常是视觉中心，一般分为纪念性雕塑、标志性雕塑、装饰性雕塑等。景观雕塑与一般雕塑不同，它与景观环境息息相关。景观雕塑的作用是添加一个新景观或是用雕塑点缀景观，以更加突出景观效果（图5-19）。

在景观设计中，景观雕塑常以组合形式出现，因此，雕塑的造型就显得至关重要，没有艺术性与美感的雕塑不仅不能点缀景观，反而大大破坏了景观的整体效果。景观雕塑造型应更多偏重于

图5-19　雕塑

艺术欣赏的一面，一定要具有较高的艺术欣赏价值。它体现了一个地区、一个历史阶段的文化艺术水平，绝不是简单随意的事。而且，景观雕塑的设计脱离不了实地环境，应把它放置在周边环境中来整体考虑，还应考虑周边的环境物体对它的影响。

## （五）铺装设施

铺装不是简单地铺地，必须根据路面的承载重量来决定路基的厚度。很多人都有在雨天踩到人行道上的砖而被溅一身泥水的经历，这是铺路工没有按科学程序施工的结果。这不仅给国家带来了严重的经济损失，还破坏了城市市容。在设计中，步道与车道的地基是不同的。铺底的路基厚度一定要严格遵守铺路的工程程序，一般步道的地基是15cm，车道地基在20cm以上（图5-20）。

图5-20　铺地

## （六）便利设施

### 1. 椅凳

在景观设计中，椅凳类型丰富，组合形式多样。有单个的、有组合的、有开放式的、

也有相对封闭式的。制作材料也有很多，木材、石材、水泥砖砌等，其中木材最有亲切感。它们为人们提供休息场所的同时，也是一种点缀景观的要素，成为一个小景点。此外，这类要素更偏重于观赏性，因此数量不宜太多（图5-21）。

椅凳应设在宁静且通风好的地方，夏天有阴凉、冬天有阳光，且应面向好的景观，而避开来往的人流。在一个景观区域内，椅凳的材料及造型要尽可能统一协调，并同周围环境相关联。当使用两种完全不同的椅凳时，必须要拉开距离。否则，两者相互干扰，影响景观效果。

图5-21 园椅

### 2. 标志牌

标志牌在公园和旅游区占有十分重要的位置，在当今的景观环境中，标志牌在为人们引路和做简介的同时，它的艺术造型及对人产生的亲和力越来越受到人们关注，因此标志牌的设计要充分体现"以人为本"的设计原则。

标志牌的种类一般分为介绍牌、解说牌、导向牌、警告牌、宣传牌等。它的设计形式大体上分为：独立式、地面固定式、墙面固定式、悬挂式。标志牌一般设置在露天场所，要经得住风吹日晒的侵袭。因此，标志牌制作应选耐久性材料，如：石材、不锈钢、金属、坚固的木材等。

标志牌的设计要注意尺度感及易读性，形式上应简洁大方、有系列感，视觉效果要醒目。重要的标志牌还必须配备照明灯具，以便在夜间使用。标志牌的造型、尺寸、色彩都要与整体环境相协调。

### 3. 停车场、车障柱

停车场的规模应该根据景区面积和客流量来确定，停车场应建设在景观入口附近。车与车的停放距离，出入口的指向线和指示牌都要根据停车场设计的相关规范进行设计。停车场的出入口最好分开，停车标牌和出入口导向牌要醒目，出入口两侧和拐角处不要种植灌木，以免影响视线，导致事故的发生。

车障柱是禁止车辆通行的设施，以保证行人能够安全地行走。随着我国人民生活水平的提高以及汽车产业的发展，道路上汽车数量每年以惊人的数量增长。为了保护市民安全，维持城市交通秩序，车障柱的设计和应用必将成为景观设计中的重要设施（图5-22）。

图5-22 车障柱

#### 4. 垃圾箱

垃圾箱是景观环境中不可缺少的设施之一,一般设置在休息处及小卖部旁边。垃圾箱的设计最好同时分为可回收与不可回收两种,以便分类回收垃圾,保护环境资源。同时,造型上要满足丢垃圾者的与收垃圾者的使用方便性。在景观环境设计中,垃圾箱的造型要与整体景观相协调。风景区的垃圾箱要尽量采用自然材料,可以更好地维护景观环境,突出景观的自然美。

#### 5. 电话亭

20世纪80年代中期电话亭在我国开始进入公共景观环境之中,为人们提供了很大的方便。电话亭的造型有半开放式和全封闭式。电话亭的造型与其他设施一样,一定要符合和接近周围环境的总体设计,电话亭的造型种类不能太多,这样不仅破坏整体环境,还会给人们带来辨认上的困难。尽管今天手机的使用已很普遍,但在特殊情况下公用电话依然起着十分重要的作用。

#### 6. 园灯

园灯的作用是照明,其造型对景观环境同样具有重要影响。一般情况下,园灯的使用量是以连贯性的排列,因此园灯的造型也是不可忽视的设计部分。园灯高度不一样,其功用也不同。有景观灯、路灯、树丛灯、地脚灯等,总体归纳为观赏性与实用性两大类。观赏性灯是为了衬托夜间的景观空间而设置,一般都朝树上照射,使绿得更绿、红得更红、突出景观的夜间效果,加强观赏性。实用灯用来照明,主要是路灯、地脚灯等,为行人夜间行走安全而设置。不同风格的园灯可按不同区域分别成套使用,也可系列式的整套使用。装饰用园灯作点缀景观之用,因此不宜大量使用(图5-23)。

图5-23 园灯

#### 7. 售货亭

售货亭的造型,可以与景观风格对比的形式出现,也可以与景观风格融为一体的形式出现。但无论哪种方式,都应该是实用加上观赏型的,它是景观中的点缀部分,造型要有个性和趣味,这样可增添景观气氛,同时也为使用者带来认识上的方便。

#### 8. 公共厕所

公共厕所是多年来景观设计中一直没有解决好的问题,公厕的造型与管理都存在着很多不足。设计者在设计时应努力使公厕在结构上更加合理、美观,使用功能上更实用、卫生。公厕在满足使用功能的同时,也成为景观建筑的一部分(图5-24)。

图5-24 公厕

本节通过对景观环境设施的配置、分类及其介绍，试图将同学们的设计视线从宏观总体景观的把握转向微观细部设施的设计。其实，整体是由许多部分组成的，一个成功的景观设计就是把许多不同的景观环境设计和谐地组织在了一起。如果学习景观设计专业的同学们能够通过色彩、材质、形体等方面合理组织这些景观环境设计，协调地搭配在自己的设计中。那么，相信这些元素一定会对景观设计起到锦上添花的作用。

## 第七节　景观的技术设计

景观的技术设计是景观设计的具体化阶段，也是将景观艺术设计中涉及的各种技术问题定案的阶段。景观技术设计的内容包括整个景观和各个局部的具体建造方法、各个部分确切的尺寸关系、装修设计、结构方案的计算、各种构造和用料的确定、各技术工种之间矛盾的合理解决以及设计预算的编制等。

设计图纸是设计和施工的桥梁，主要解决构造方式和具体做法的设计，解决艺术上的整体和局部、比例和尺度的相互关系。景观施工图和详图是整个设计工作的深化和具体化，也是景观设计中细部设计的一种，所以就要求景观施工图和详图明晰、周全、表达确切无误。景观技术设计主要是通过景观施工图和详图等图表来表现的。这些图表将设计意图、做法和尺寸等表达出来，作为技术工人施工制作时的依据。

在景观设计中，其他的技术设计还包括：地形改造与设计；土方调整设计；实施土方调整的方法；台地设计；挡土墙设计；园林中的微地形；地下排水；植被的选择与栽培等。

本节介绍的内容是进行景观设计过程中的最后一个阶段。通过这一节的学习，可以让同学们对景观设计方案确定后，下一步要进行的工作有一个简单的了解。当设计师能够完成某一个景观设计项目的施工图和节点大样详图的时候，理论上已经走完了景观设计的整个过程，同时也已经达到开工建设的设计要求，到这一步为止，离设计师设计的宏伟蓝图建成现实的景观作品已经很近了。

# 第六章
# 景观设计的成果与表现

> **重点提示** 本章主要对景观设计的成果与表现作一般性的介绍。第一节对景观设计表现中的基本内容进行了概括性的描述。第二、三、四节按照景观设计的几个阶段（方案构思与草图阶段、方案设计阶段、详细设计阶段）分别进行展开和论述。第五节对各节进行汇总，归纳总结景观设计成果呈现的内容。学习本章，旨在让学生对于景观设计在各个阶段的成果与表现，有一定的了解和认识。

## 第一节 综 述

景观的设计属于工程设计的一种，因而需遵循一系列规范性的要求。以实现设计表达、设计理解、工程施工等过程中必需的准确性。这些规范性的要求内容基本包括：图纸标准、制图线型、设计表达基本内容构成及其相关要求等。设计表达的基本内容较多，这些内容各有作用，是从不同的角度表现设计方案的基本途径。

### 一、景观设计表现的基本要求

#### （一）标准图纸

图纸图幅是有标准的，一般均应选取标准图纸、图幅，尤其是绘制方案图、初步设计图、施工图，但一些表现图、效果图可灵活确定。

A0的尺寸为1189mm×841mm，A1的尺寸为841mm×594mm，A2的尺寸为594mm×420mm。A3的尺寸为420mm×297mm，A4的尺寸为297mm×210mm。以此类推，小图纸的长度等于大一号图纸的宽度，小图纸宽度等于大一号图纸长度的一半（近似，考虑到舍入）。

#### （二）比例尺

比例尺，表示图上距离比实地距离缩小的程度，因此也叫缩尺。用公式表示为：比例尺=图上距离/实地距离。

比例尺通常有三种表示方法。

（1）数字式，用数字的比例式或分数式表示比例尺的大小。例如，地图上1cm代表实地距离500km，可写成1：50 000 000或写成五千万分之一。

（2）线段式，在地图上画一条线段，并注明地图上1cm所代表的实地距离。

（3）文字式，在地图上用文字直接写出地图上1cm代表实地距离多少千米，如图上1cm相当于地面距离10km。

## （三）线型

线型用法应符合表6-1的规定。

表6-1                                                                图线的线型

| 名称 | 线型 | 线宽 | 用途 |
|---|---|---|---|
| 粗实线 | ———————— | $b$ | 可见轮廓线、剖面图中剖到的轮廓线、图框线等 |
| 中粗实线 | ———————— | $0.5b$ | 剖面图中未剖到但可看到的轮廓线、尺寸起止点等 |
| 细实线 | ———————— | $0.25b$ | 尺寸界限、尺寸线、材料图例线、引出线等 |
| 中粗虚线 | — — — — — — | $0.5b$ | 不可见的轮廓线 |
| 粗虚线 | — — — — — | $b$ | 总平面图中的地下建筑物或者构筑物等 |
| 细点画线 | — · — · — · — | $0.25b$ | 中心线、对称线、定位轴线等 |
| 细双点画线 | — ·· — ·· — ·· — | $0.25b$ | 假想的轮廓线、成型以前的原始轮廓线 |

### （四）景观设计的图示表达

景观是立体的、空间的。要把景观全面、完整、准确地表示出来，需要从各个角度进行表现。用图表示景观所依据的基本原理就是平、立、剖面三视图的概念。根本作用是为了让人从图纸上建立对设计环境的立体形象，以便于认识设计或依设计进行施工。

## 二、设计表达的基本内容

### （一）表达目的

#### 1. 平面图的意义

平面图是一种直角投影，与航空照片很相似，它表示物体的尺寸、形状及物体间的距离。

平面图制作就是将未来在基地上各种不同元素的详细位置及大小标示于图片上，例如：道路、步行道、墙、植物材料、建筑物、庭园设施物等（图6-1）。

图6-1　某方案平面图

#### 2. 剖面图的意义

剖面图是描绘出物体在切割线平面上的垂直投影图，它着重于空间性质研究和处理，使人们可以理解设计方案内部的构造。如果从某一视点方向切去，所得的断面图，称为剖面图。

### 3. 立面图的意义

立面图是一种垂直投影图，常近似于观赏者站在物体正面所看到的画面。立面图常配合平面图以相同比例尺绘制，彼此可互相参考，增加对设计物的了解，同时在绘图上也较易操作（图6-2）。

图6-2　某方案立面图

### 4.透视图的意义

透视图即透视投影。是最接近于人眼的实际视觉效果的表现图纸。具体制作原理大致是：在物体与观者的位置间，假想有一透明平面，观者对物体各点射出的视线，与此平面的相交点，其所形成的图形如同人眼的视物或相机的摄影（图6-3）。

图6-3　某方案透视图

### （二）设计表达图示的种类

### 1.平面图的种类

平面图有多种不同的表达方法及形式，在景观设计过程中可以利用各种平面图来说明设计的过程。例如：基本资料的收集、分析、思考的过程。概念的形成过程及最后设计成品的表达、建造方式的说明等。

**2.剖面图的种类**

剖面图按表现目的可以分为三种。

（1）分析用剖面图。例如植栽分析剖面图表示植栽分布情形。

（2）设计用剖面图。例如设计剖面图表示不同空间情形。

（3）施工用剖面图。例如细部结构剖面图，表示结构材料、结构方法及尺寸等的关系。

**3.透视图的种类**

透视图的基本原理是模拟人眼睛观看物体所得到的景象画在纸面上的一种表现方式。

根据透视消失点（美术术语）的多少可以将透视图大致分为三种。

（1）平行或一点透视。平行或一点透视，就是当人们正面直接面对物体，且视线方向垂直于物体主要表面时的景象。

（2）成角或两点透视。将画面与物体构成任意角度，使物体透视方向消失于两个消失点上，物体的垂直线仍与画面平行，所以在透视图上仍然保持同样的方向与高度。

（3）倾斜或三点透视。将物体扭转成一个角度，与画面倾斜，因此物体上没有线一直平行于画面，三个方向均对画面构成一个角度，亦均分别消失于三个消点上。

（4）剖切透视。从剖切面向剖切剩下部分观看的透视图。

（5）动画演示。

**4.局部表现图的种类**

局部透视（效果）图，用于说明局部景观效果；局部（单体）平立剖面图，说明景观局部或单体建（构）筑物的平立剖面关系；节点详图（细部大样），详细解释某一细部的构造方式和施工详细资料（尺寸、材料等），多用于施工图阶段（图6-4）。

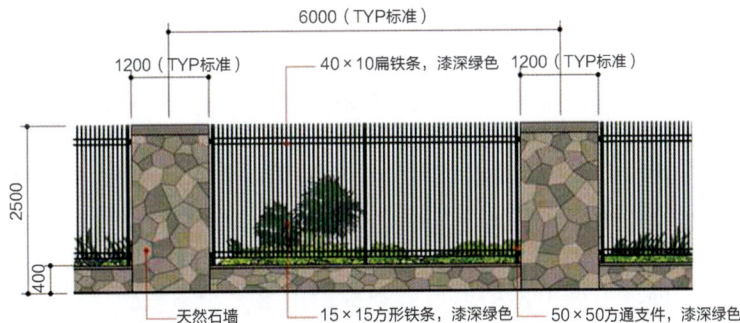

图6-4 某方案局部立面图

**5.设计表达图的种类**

设计表达图在提交成果的不同阶段又大约可以分成六大类。

（1）说明资料类：用以表达设计用地与所在区位的关系，例如区域图、邻近关系位置图。

（2）基本资料类：说明设计用地的各种基本情况，例如基地范围图、地形图、植栽现状图、土地使用现状图等。

（3）分析图：分析基地的各种条件以及设计方案的各种构成情况，例如基地分析图、坡度分析图、景观分析图。

（4）设计概念图：用于分析、解释设计理念、想法的图示图解，例如设计概念图解等。

（5）设计图：例如设计草图、正图等。
（6）施工图：例如土木、水电、建筑施工图、景观植栽施工图等。

# 第二节　方案构思与草图阶段

构思与草图阶段是方案设计的开始，是将与设计有关的现状资料、设计要求等与设计人的环境、艺术等专业知识相结合，经合理的归纳、演绎和艺术处理，形成设计理念并以草图表现出来的阶段，是随后方案设计的先决条件。可以简单划分为三个步骤，即基础资料准备、分析研究、形成构思并绘制草图。

## 一、基础资料准备

景观设计开始的第一个步骤就是要收集、调研、掌握与设计项目相关的各种资料（也称基础资料）。这一阶段的主要工作目的之一就是要对实地环境形成比较清楚的了解与认识。比如：项目所处的历史文化环境，有没有可利用的自然风光（如果有，在哪个位置）；自然地形是怎么样的；周围的建筑群是什么样的；此地块有没有一些特殊之处；有没有任何优势可利用；采光情况如何；地面的高低起伏情况如何等。基于对这些内容的了解，可大致形成设计在这些方面的定位，形成构思产生的重要来源。

通过与投资方的不断交流，我们还要了解投资方的一些意图，如项目定位、功能要求等。比如：休闲的、健身的、观赏的、娱乐的、交流的、纪念性的等。在交谈中，既可以积极提出自己的建议，也可以就双方的具体意见进行商讨，达成共识。另外还要了解项目的投资情况，这将在很大程度上决定工程项目的定位。

甲方对项目的定位以及详细的功能要求常会构成设计方案的主要目的，在构思阶段需对其可行性、合理性进行分析，并形成大致的布局概念，投资条件则是对方案的各方面控制条件。

一般而言，设计相关的基础资料包括以下部分。

（一）说明资料类

包括地区图和邻近的地区图。获得这些资料有助于对所设计地块与整体地区的关系进行分析，从而对地块进行正确的空间与功能定位，是构思形成的宏观条件。

（二）基本资料类

这类资料包括用地界限图、地形图、景观资料图等。用地界限图规定了设计的有效用地范围。其中包括用地外围界限（甲方用地范围）和用地红线，后者注：因规划部门的同意规定而后退外围界限一段距离（依项目而不同）。一般而言，红线范围是不能被突破的。地形图是在平面图之上将地表各部分特征以图示表示出来的方法。在地形图上高度变化经常会用等高线表示。等高线是将地面上高度相等的点，顺序相连成一曲线，以显示地面的起伏形状，并依一定比例缩绘于图上的曲线。地形图上的图示主要可分三大类：地貌、地面高低起伏状态；植被；人造物。背景资料图是用来详细描述地上有关的背景资料，诸如基地内或周边的资源、公共服务设施、基础设施等，这些资料可由土壤观测站、气象局、公共行政单位（如市政府、水利局）等部门收集并整理成相关图纸。在景观设计中通常用的图纸有：土壤图、土地使用图、植栽现状图、市政管网图等。

以上资料主要由甲方提供，在甲方无法提供时可直接咨询相关资料部门或者通过互联网搜集。总之，设计资料相关项目的准备是保证设计顺利展开的基础。这一阶段主要在广泛收集资料的基础上对其进行归纳整理，确定重点，形成对设计项目的总体认识。

## 二、基础资料分析研究

在掌握设计相关基础资料后，需对其进行分析，同时将自己的理解与想法结合于其中，并以图示表现出来，这种草图即是分析图。它可以帮助我们归纳、抽象简化出有用的资料，指导我们下一阶段的构思。除了文字分析的内容，对基础资料的分析研究还包括以下几种分析图。

### （一）基地分析图

基地分析图是将基地的自然及人文特性，依据景观设计需要，分析归纳而成的图示，通常是用来说明基地的各种条件。如地势分析图、坡地分析图、排水形态分析图、土壤分析图、植被分析图等。一般情况下，由于这些分析图都是设计者分析，研究的"演算过程"，故需以草图来表现。

### （二）构思图解

（1）泡泡图解：即源泉式的"泡泡"简化分析各设计条件之间的关于的草图"演算"方法。在设计过程中，这种画法对设计概念的发展要主要作用，它帮助我们思考，相当于图画的速记工作，记下设计者在脑海中闪过的灵感，以描述思考的过程及理想理念的形成，并可以描述各种情况的比较、推敲等。这些图通常是符号性的，需要加注文字以帮助读者了解。

（2）设计概念图：这是在泡泡图解的基础上，将各种设计条件的要求，以及分析结果进行综合，从而形成对设计方案的整体而模糊的印象，并将其以草图形式快速表现出来的过程。设计概念图是在设计创造过程中，记录与描述思考演进的图示，是将较抽象的意念在图面上表示出来的一种方法，这种概念图可以是不清晰的，不明确的，但应能体现方案的大致或全部。设计概念图是在前述基础资料收集研究的基础上才能形成的，它也是形成较明确构思的起点。

## 三、形成构思并提交成果

### （一）构思的形成

严格说来从泡泡图解开始，到方案图的制作，都属于方案构思的过程。在实际设计过程中，在基础资料的收集和分析过程中。构思实际已经开始，而在将构思具体完成方案的过程中仍会不停地对构思进行调整和完善，因而也属于构思过程。所谓的构思，便是在上述过程中不断积累各种分析、思考的结果而形成的。

方案设计的构思阶段是整个设计过程中的最重要的阶段。在这个过程中，设计方案从无到有逐渐成形，对以后方案的深入发展起决定性作用。在这个阶段中要活跃自己的思维，一旦出现灵感，就快速表达出来，绘出草图；要展开丰富的想象，并把想象落实到设计中，多画草图，多构思；然后把一系列的草图进行比较、分析，从而提升设计方案。在这一阶段中，有时可以在草图上简单上一点颜色，以验证构思的实际效果。

在构思过程中，始终要有立体空间的概念，以此来解决景观环境及其要素的形式与功能问题，决不能把景观环境的立体形态简单分割成平、立、剖面的设计。从构思开始，景观环境就应是立体的、整体的。先画平面草图时，要考虑该平面对立面的影响（即在空间形态上决定景观环境的内容，如建筑物、水体、广场、步道、小品、雕塑等），反之亦然，并且要根据需要相互调适（指方案实施所需的技术管理措施等）。在设计时，一般是先设计硬质部分，然后再设计软质部分。整体布局的草图可以多画，从中进行比较和推敲，选出最理想的方案。

(二)构思阶段的表达

构思阶段的表达是设计者思维活动的最直接、最真实的记录与展现。其一，它可以以具体的空间形象刺激设计者的形象思维活动，从而产生更为丰富生动的构思；其二，它为设计者分析、判断、抉择方案构思确立了具体对象与依据。构思阶段的表达方式主要分为以下几种。

1. 草图

草图是方案构思阶段的主要表达方式，它虽然看起来粗糙、随意，但可以快速记录设计者的思想意图和一闪即逝的灵感，是瞬间思维的反应。另外，草图还适用于进行深入的细部刻画。设计者借助草图进行思考，可以促进思考的进程。尽管如此，由于是徒手的快速表现，因而有时会有失精确，甚至产生较大误差(图6-5)。

2. 工作模型

用来推敲方案的模型称为工作模型或草模，它可使脑中的想象变成立体，给人直观印象的同时，校正想象的误差和避免遗漏，越来越受到设计者的重视(图6-6)。

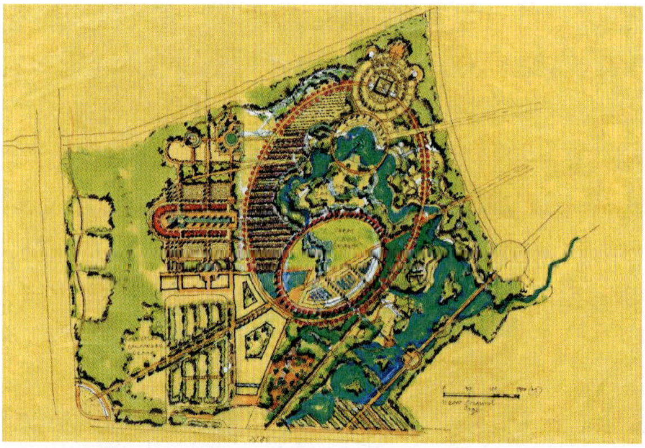

图6-5　草图

图6-6　模型

利用模型进行多方案的比较，可以直观地展示设计者的多种思路，为方案的推敲、选择提供可信的参考依据，这种表现方法基本能准确地反映构思的效果，但仍会因用时较短而不够细致、精确。

3. 计算机辅助设计

近年来，电脑技术在景观设计领域中的应用越来越广泛。在设计构思阶段多方案的比较推敲中，利用计算机可以将景观设计做多种处理与表现。如建立计算机模型，可以从不同观察点、不同角度对其进行察看，还可以模拟真实环境和动态画面，使得景观设计方案的空间关系、景观效果等一目了然，另外通过计算机模型(图6-7)可以形成较真实的空间尺度感。不过，由于必须借助计算机来实现，因而不如草图和工作模型便捷，在对计算机硬件依赖的同时，还需要学习软件的操作。

构思阶段的以上三种表达方式各有特点，也各有欠缺，这就要求将三者综合起来运用。

图6-7 计算机模型

一般来说，早期多用草图来捕捉灵感，发现问题，形成一定的设计意向、建筑意向；而对其进行量化的比较、推敲和分析时，往往要用工作模型和计算机辅助设计来加以完善和综合，使设计意向更直观，更利于评价；后期接近方案设计时，则会更多使用计算机辅助设计。还需注意的是构思阶段的三个步骤并不是按顺序一次完成的。在构思产生的过程中还需不断补充新的资料，发现新的研究问题和结果，从而形成不同的构思，这些构思之间的差别可以很微小，也可以很明显，但所有这些构思都将成为多方比较的原材料。

## 第三节 方案设计阶段

一般而言，我们习惯于将构思阶段以及随后将构思确立为方案的阶段统称为方案阶段。为了对景观设计过程有更全面，更细致的了解，并强调出构思阶段的重要性，本教材将构思演化为方案的阶段称为方案设计阶段，这一阶段主要指在方案构思基本确定之后，将其细部和技术上的问题深入推敲，使其更加完善，并最终用设计图纸、模型等设计成果表达出来的过程。

### 一、方案设计阶段的成果

#### （一）方案的调整

通过前面的构思草图阶段，得到了景观设计的方案，但此时的设计还处在大想法、粗线条的层次上，在其落实为实际景观环境时可以认为是初步的草图方案，某些方面还存在着许多问题。为了达到方案设计的最终要求，必须对构思进行调整和深化。

方案调整阶段的主要任务是解决方案在比较分析的过程中所发现的问题，同时弥补各设计构思的不足。调整方案是对原有构思方案进行适度的修改与补充，不但要保留原有构思的个性特色，而且要进一步提升原有方案的优势。方案调整包含的主要内容有：

（1）进一步强化整体方案与周边环境的关系，并完成较为详细的总平面图设计；

（2）确定各景观构成的形态大小、特性以及各部分之间的关系，完成较为详细的平面设计；

（3）在解决各部分功能要求以及相关要求的基础上，完成景观的形象设计，做出景观的立面图和效果图；

（4）完善结构、工艺等技术要求，进行材料的选择运用以及构造的初步设计；

（5）考虑景观小品的布置。

## （二）方案的深入完善

完善阶段的内容主要包括以下两个方面：一是细部设计和解决技术方面的问题，如确立景观、建、构筑物的主要结构、构造形式等，细化各个局部的具体内容与做法，进行色彩、质感、材料的选择等；二是不断调整景观形象与其空间效果的关系。

方案的深化阶段，要完成许多细节方面的问题，因此要放大图纸比例。构思过程的制图比例一般为1∶500、1∶1000，甚至更小，深化时一般放大到1∶200或1∶100。

细部设计和技术完善是完善阶段的第一层次，也可以说是对构思阶段的延续和扩充。构思阶段，经多次反复磨合，形成的是相对完整而粗略的设计意向，完善阶段就是通过各种技术问题的处理，使设计方案变得更细致、更完善、更明确。本阶段对设计方案的整体改动可能性小，多是在大的设计意向不变的情况下对其进行细微的调整。技术的完善既涉及设计总图中的问题，也包括平面、立面、剖面中的细节问题。

第二层次是景观形象以其空间效果的相互调适的协调关系。景观的形式与空间效果是相辅相成的，方案的深化过程，在完善一些细部设计的同时，景观构成要素的形象与其空间效果也会发生某些变化，对此要有充分认识，根据需要及时地相互调整，做到在整体构思意向具体的同时，景观的形成与空间达到很好的统一。

## 二、方案设计阶段的表达

方案设计阶段的表达主要有以下三种。

### （一）正式图纸

设计的成果最终是通过景观设计的总平面图、竖向图、各种分析图（功能分区、道路结构、景观序列、绿化配置等）、平面图（图6-8）、剖面图、轴测图及透视图来体现的。每个图表达反映的是景观的某一个片断的内容，将它们联系起来，就会对方案有一个全面的认识。

景观方案设计的成果最终要通过一系列的正式图纸来表达，这些图纸一般包括三部分的内容：第一部分是对方案进行整体表达的图纸，如总平面图、竖向图、整体鸟瞰图或透视图等这些图主要表达设计方案的整体景观效果，各种要素的分布整体方案与所在基地关系等内容。第二部分是对方案进行整体的说明与分析，包括文字解释和各种分析图纸，分析图纸主

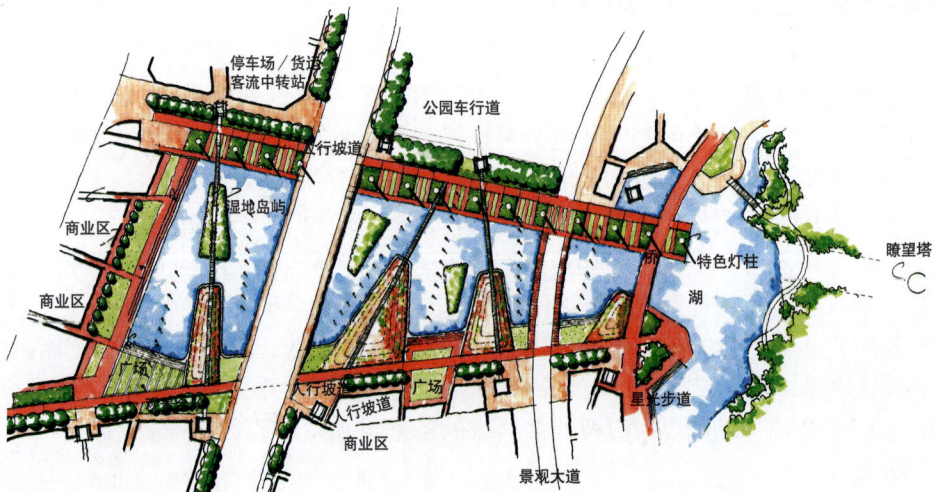

图6-8 某方案平面图

要包括景观环境的结构分析、空间效果分析、绿化配置效果分析、水体设计效果分析、雕塑小品设计效果分析、景观照明设计效果分析、各种配置条件与设施分析等内容。第三部分是对方案进行详细表达，其图纸内容包括方案中各个景观建筑及景观构筑物的平立剖面图，方案中各局部（又称节点）的效果图（图6-9）等。需要强调的是所有这些图纸都是要从各方面表现出完整的景观环境设计方案，而不在于这些图纸本身。

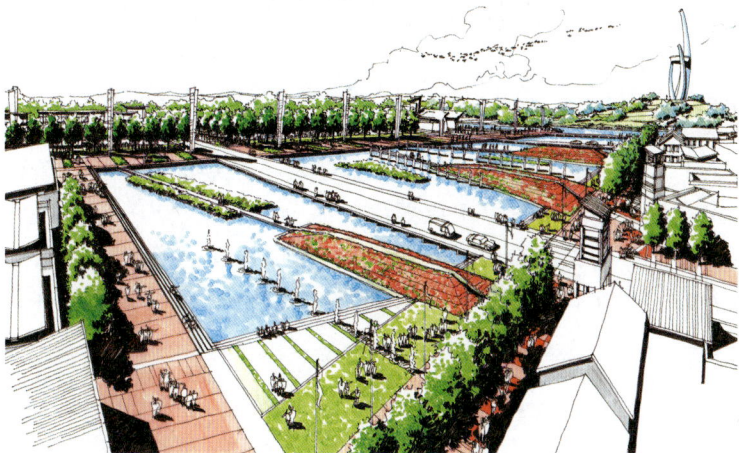

图6-9　某方案效果图（主入口—方案A效果图）

## （二）模型

景观模型在方案表达中也有非常重要的作用。与图纸相比，模型具有直观性、真实性和较强的可体验性，可以弥补图纸表达所难以陈述的抽象、不够直观的问题。借助模型表达，可以更直观地反映出景观的整体空间效果，尤其是那些地形变化复杂，景观构成及变化均较丰富的方案，模型可使方案表达更加深入和具体。

另外，模型表达对于非专业人士来说，是对方案进行评价和判断的最有效和最直接的载体。

## （三）计算机表达

计算机表达在一定程度上综合了图纸表达与模型表达的优点，而且它的准确性与真实性又是图纸与模型表达所无法比拟的，因而随着计算机的普及应用，计算机表达成为一种使用越来越广泛的表达方式。计算机表达（图6-10）除了能够表现出二维的平、立、剖面，还能

图6-10　某方案计算机效果图

生成景观环境模型，从多个视点、多个角度描绘景观环境。它具有强大的仿真功能，可以模拟真实的光源、材质、颜色，较真实的环境设施（建筑、广场、绿化、水体等）达到逼真的效果，总体环境氛围和意境的表达也很真切。另外，三维动画可以提供动态画面，给人在景观环境中游历的真实感，使景观环境的空间层次及效果达到更充分的表达。

## 第四节　详细设计阶段

### 一、初步设计

在设计方案确定之后，就可以进入初步设计阶段。景观的初步设计阶段是方案向施工图过渡并最终施工实现的主要部分，不仅要深入完善设计还要为施工图设计做好充分的准备，因而也是实现过程中的关键阶段，初步设计（图6-11）应该依据设计方案成果，由设计方与业主再次沟通，对景观设计方案达成各方面共识，并进行方案的深化。初步设计应包含以下主要内容：

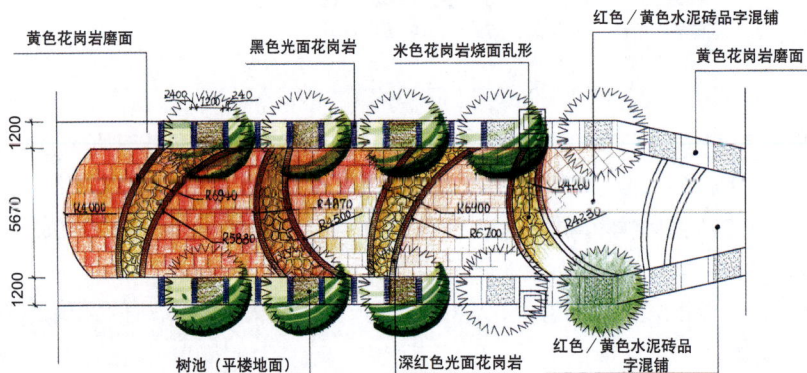

图6-11　某广场铺装平面图

（1）总平面优化，确定最终总平面布置图；
（2）确定总体竖向设计；
（3）制定植物配置及苗木清单；
（4）进行分区设计，包括平、立、剖、细部构造等；
（5）地面铺装形式及材料处理方案；
（6）景墙、台阶、种植池、步行小径等初步设计；
（7）喷水池、水景之造型和表面材料设计；
（8）与各配套专业相调适，进行前期技术准备；
（9）各小品及设施初步设计；
（10）景观照明灯具选型；
（11）绿化浇灌布置方案设计；
（12）制定景观工程概算书。

## 二、施工图设计

施工图的根本目的是，让工人可以借此图纸将设计师意图建造实现出来，这就要求制作施工图的设计人员，首先应在自己的大脑里把它建起来。同时施工图还应具备通用性，即行业工人都应看得懂，所以画图就要严格按照制图规范进行。

一般而言，施工图（图6-12）还应依据设计图样本，以放大的比例尺，将建造过程的施工尺寸、材料形状、施工方式等，详细标明于施工图上。

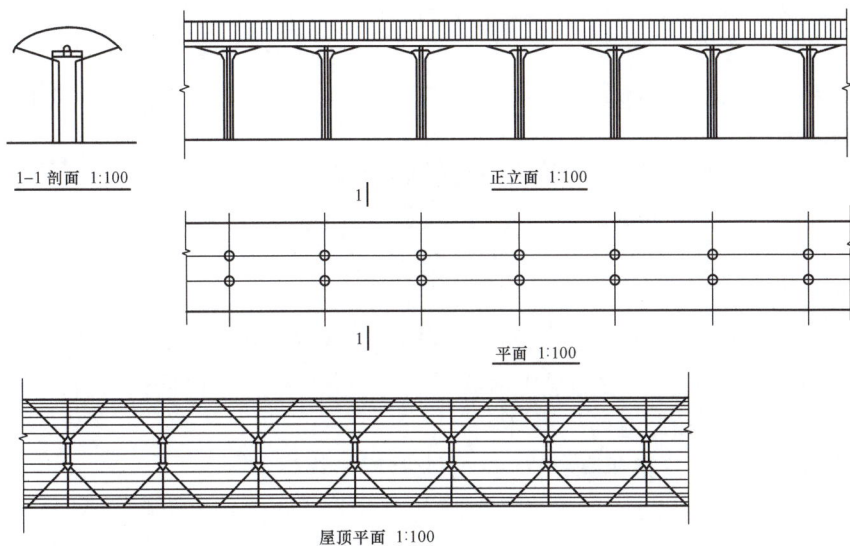

图6-12 某方案施工图

根本上，景观施工图应该按国家制定的行业标准进行设计，并能完整提供环境景观施工所需要的全部资料及所应达到可供施工的设计深度。景观设计施工图应包括以下主要内容。

### （一）图纸目录

表明各部分图纸装订后所在位置和页码范围。

### （二）总平面布置图

（1）城市坐标网、场地建筑坐标网、坐标值。

（2）场地四界的城市坐标和场地建筑坐标（或标注尺寸）。

（3）建筑物、构筑物（人防工程、化粪池等隐蔽工程以虚线表示）定位的场地建筑坐标（或相互关系尺寸）、名称（或编号）、室内标高及层数。

（4）拆除旧建筑的范围边界、相邻单位的有关建筑物、构筑物的使用性质、耐火等级及层数。

（5）道路、铁路和明沟等的控制点（起点、转折点、终点等）的场地建筑坐标（或相互关系尺寸）和标高、坡向箭头、平曲线要素等。

（6）指北针、风玫瑰。

（7）建筑物、构筑物使用编号时需列出建筑物、构筑物名称编号表 。

（8）说明栏内，应标注尺寸单位、比例、城市坐标系统和高程系统的名称、城市坐标网与场地建筑坐标网的相互关系、补充图例、施工图的设计依据等。

**（三）总平面定位图**

在大部分情况下，由于景观设计内容要素所有景观构成要素均应在图纸上以坐标形式标明其定位。

**（四）竖向设计图（包括平面与剖面）**

（1）地形等高线和地物；

（2）场地建筑坐标网、坐标值；

（3）场地外围的道路、铁路、河渠或地面的关键点标高；

（4）建筑物、构筑物的名称（或编号）、室内外设计标高；

（5）道路和明沟的起点、变坡点、转折点和终点等的设计标高（道路在路面中、阴沟在沟顶和沟底）、纵坡度、纵坡距、纵坡向、平曲线要素、竖曲线半径、关键性标．道路注明单面坡或双面坡；

（6）挡土墙、护坡或土坡等构筑物的坡顶和坡脚的设计标高；

（7）用高距0.10～0.50m的设计等高线表示设计地面起伏状况，或用坡向箭头表明设计地面坡向；

（8）指北针；

（9）说明栏内，应标注尺寸单位、比例、高程系统的名称、补充图例等；

（10）当工程简单时，本图与总平面布置图可合并绘制．如路网复杂时，可按上述有关技术条件等内容，单独绘制道路平面图。

**（五）种植设计图（包括平面、立面、剖面及苗木表）**

（1）植栽施工图：植栽施工图是景观建筑中较为特殊的建筑材料，因其为生物并无死板的规格，因此绘制植栽施工图时尺寸大小有相当的弹性，但必须注明其植物品种及其保护设施。

（2）植栽平面包含以下方面的内容：

1）产权线、结合线及合约范围；

2）建筑物、景物、铺地区域、墙及围篱、地表面设施物；

3）现有植物的位置及大小；

4）预定种植植栽的位置、形态、大小（包括灌木）；

5）种植槽中预定种植植栽的位置、形态、大小；

6）因为植栽形态而需保留的范围；

7）图例、植栽表及索引。

**（六）景观照明、浇灌配置图**

**（七）分区平面布置图**

**（八）分区平面定位图**

**（九）分区放大平面铺装设计图**

**（十）各区重要节点设计详图**

**（十一）景观土建专业施工图**

**（十二）景观结构专业施工图**

**（十三）景观水电专业施工图**

设备平面图表示包含以下方面的内容。

（1）产权线、结合线及合约范围。

（2）建筑物、道路（中心线及位置）、人行道及其他铺面。

（3）现存的设施线路位置及标高。

（4）预定设施总管线侧部包括：

1）水——管道的尺寸、材料、计数器、流量、消防栓、排水；

2）燃气——管道的尺寸、材料、计数器、流量；

3）电路——电缆、计数器、开关、断路器、结构物、电杆；

4）下水道——卫生下水道及防洪下水道管道尺寸、材料及度量、人孔及暗渠顶部及反转的立面图。

### （十四）施工图设计说明

景观施工图内容繁杂并且需要各专业共同协作，景观设计的主要任务不仅在于保证本专业图纸的有效与精确，还要协调各相关专业之间的种种矛盾，以形成统一的、服从方案表达意向的共识。

## 第五节　景观设计成果的呈报

景观设计是描述设计中一系列的分析及创造思考过程，使基地尽可能达到预期效果，并符合美学上的要求；景观设计可以利用逻辑及有系统的工作构架来预想、创造设计结果，有助于确定方案能否与基地的先决条件配合，符合使用者的需求、预算等；利用备选方案研究来帮助投资者、业主作最佳的设计决定；景观设计的成果是对投资者和业主解说设计，或对其作说服工作的基本资料。

为了确保景观设计的顺利进行，需要一个科学合理的程序，决定在解决景观设计的诸多问题时，它们的先后顺序。根据景观设计的规律，其程序应该是从宏观到微观、从整体到局部、从大处到细节，步步深入。具体分为五个阶段：与投资方、业主接触，收集景观设计的资料；构思设计草图；进行方案设计；初步设计；制作景观设计施工图和详图。

进行景观设计之前，与投资方、业主接触时先做初步的沟通和了解，这是景观设计程序中重要的一部分。基地调查与分析是景观设计与施工前的重要工作之一，也是协助设计者解决基地问题最有效的工具。调查范围包括自然环境、人文环境等。景观设计除了依照设计者本身的理想构思之外，尚须考虑所有者的需求、经费的限制、景观的目的、自然环境的限制、造园材料的配合等诸多因素。分析以自然条件、人文条件相互关系为基础，再加上业主的意见，综合研究以决定景观的形式，这可以为将来的施工、管理及维护节省很多工作。

构思与草图阶段的概念设计中应该提供的成果有：场地现况勘察、相关资料收集及整理；与业主沟通，确定主题构想；场地空间概念分析，景观方案总平面图、分析图及分区平面图草图；主要景点透视意向（照片或图片辅助说明各景点意向）；概念设计说明。

方案设计阶段中应该提供的成果有：概念设计的进一步完善，与业主再次沟通，使概念构思达成共识，成为并经专家评审最终确定的景观方案；深化概念设计，完善表达设计概念的总平面效果图、分析图、分区平面图、总体鸟瞰效果图、重要节点透视效果图；总体地形变化处理方案，包括各主要剖、立面图；总体植物效果方案；方案设计说明；景观工程估算书。

构思草图阶段和方案阶段的成果，都应该能很好地表现出设计者的想法，偏重于设计的创意。成果应该能鼓舞人心，打动业主，使业主信服、欣赏设计方案。因此在这些阶段成果的表达时要着重注意这个出发点。

方案设计阶段之后，就是景观的初步设计阶段。景观的初步设计阶段是景观艺术设计过程中的关键阶段。初步设计中要考虑景观的合理布局、交通联系合理、景观的艺术效果等许多具体问题。在考虑取得良好艺术效果的同时，还必须考虑结构的合理性、技术要求的可解决性等。结构方式的选择应考虑坚固耐久、施工方便以及经济合理等内容。

景观技术设计是景观初步设计的具体化阶段，也是将景观艺术设计中涉及的各种技术问题定案的阶段。技术设计的内容包括整个景观和各个局部的具体建造方法、各个部分确切的尺寸关系、装修设计、结构方案的计算和具体内容、各种构造和用料的确定、各个技术工种之间矛盾的合理解决以及设计预算的编制等。

景观设计的施工图和详图主要是通过图纸表现，把设计意图和全部设计，包括做法和尺寸等表达出来，作为工人施工制作的依据。图纸是设计和施工的桥梁，施工图和详图要求明晰、周全、表达确切无误。施工图和详图是整个设计工作的深化和具体化，又可称细部设计。它主要解决构造方式和具体做法的设计，解决艺术上的整体和细部、风格、比例和尺度的相互关系。细部设计的水平在很大程度上影响着景观设计的艺术水平。

# 第七章
# 各种层次的景观规划设计

重点提示　　在学习了景观设计类型、设计过程与方法、设计成果与表达等之后，本章将以设计项目形式，介绍各个层次的景观规划设计（图7-1），目的在于对相应层次的规划设计形成感性认识，并为专业设计课程中将要涉及的学习内容做好准备。

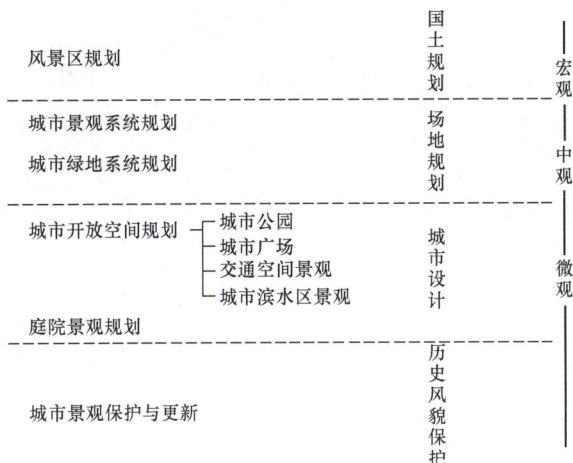

图7-1　景观规划设计的层次

## 第一节　风景区规划设计

### 一、风景区发展概述

风景区，又常被称作自然风景区、旅游风景区、风景游览区、风景旅游区、风景保护区等，根据其侧重功能和内在含义的不同，称呼也有所差异。1985年，国务院在《风景名胜区管理暂行条例》中规定具有观赏、文化或科学价值，自然景物、人文景物比较集中，环境优美、具有一定规模和范围，可供人们游览、休息或进行科学、文化活动的地区，应当划为风景名胜区。

至2002年底，我国已建立风景名胜区677个，其中国家级151个、省级478个、市县级48个，总面积超过国土面积的1%。国家级风景名胜区英文全称National Park of China，相当于国际上的国家公园（National Park）。国家风景名胜区徽标如图7-2所示，徽标正中部万里长城和山水图案象征祖国悠久历史、名胜古迹和自然风景；两侧由银杏树叶和茶树叶组成的

图7-2　国家风景名胜区徽标

环形图案象征风景名胜区优美的自然生态环境和植物景观。

自1996年开始，建设部会同有关部门向联合国教科文组织申报世界遗产工作，至2004年底，共有八达岭长城（图7-3）、承德避暑山庄和外八庙、泰山、黄山、峨眉山的乐山大佛、武夷山、武当山、庐山、武陵源、九寨沟、黄龙（图7-4）、青城山的都江堰等12处国家重点风景名胜区被列入《世界遗产名录》。

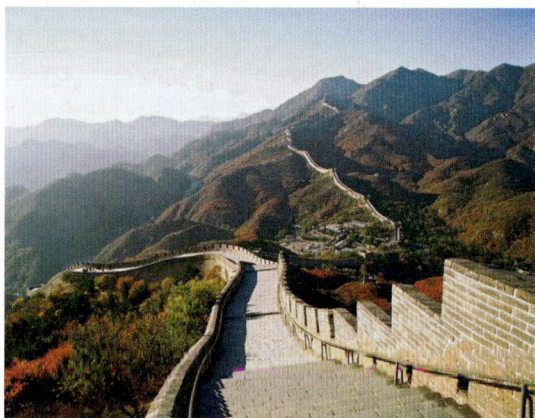
图7-3　八达岭长城

图7-4　黄龙景区　　　　　　王新兴　摄

## 二、风景区规划

风景区规划，是保护培育、开发利用和经营管理风景区，并发挥其多种功能作用的统筹部署和具体安排。与城市规划不同，风景区规划更侧重于山体、植被、水体、交通等因素的考虑。风景区规划的目的是实现风景优美、设施方便、社会文明，并突出其独特的景观形象、游憩魅力和生态环境，促使风景区适度、稳定、协调和可持续发展。经相应的人民政府审查批准后的风景区规划，具有法律权威，必须严格执行。

风景区总体规划的内容：

（1）综合分析评价现状，提出资源评价报告；

（2）确定规划依据、指导思想、规划原则、风景区性质与发展目标，划定风景区范围及其外围保护地带；

（3）确定风景区的分区、结构、布局等基本构架，分析生态调控要点，提出游人容量、人口规模及其分区控制；

（4）制定风景区的保护、保存或培育规划；

（5）制定风景游览欣赏和典型景观规划；

（6）制定旅游服务设施和基础工程规划；

（7）制定居民社会管理和经济发展引导规划；

（8）制定土地利用协调规划；

（9）提出分期发展规划和实施规划的配套措施。

在风景区规划设计过程中，需注意地形、植被与水体的保护，避免使规划的过程成为破坏的过程。例如，游览道路的随意铺设，修建旅游设施对地形地貌的破坏，游览路线不合理造成游人对植被的踩踏，外来物种引入破坏生态平衡，水体的污染等。此外，开发造成的光污染、声污染等也会造成野生动物生境的退化。总之，自然风景区的开发与保护应是同时进行的，不应厚此薄彼。

## 三、长春市净月潭风景林总体规划（摘要）

### （一）现状分析

（1）风景林现状的特点分析：地处景观边缘地带；景观敏感度较高；相对坡度较小；现状植物稀少。

（2）生境分析。长春市净月潭地处吉林省东部山地向西部草原过渡的地带，属长白山余脉的低山丘陵地带。园内植物跨长白山、内蒙古、华北三个植物区系，物种丰富。现有高等植物550种，乔木树种30多个。现有森林景观具有较大优势，林木茂密，大面积人工林和天然次生林形成茁壮森林风景，但不足之处也较为明显：树种单一；色叶树木少；林相变化不大；无林缘植物和林木下层结构植被，层次单调。

（3）水文及气象条件。

（4）景观评价及分析。

（5）功能结构布局分析。

（6）现状交通分析。

### （二）规划原则

（1）景观规划建设的宏观统一性原则；

（2）生态保护原则；

（3）植物景观布点的丰富性原则；

（4）以人为本原则；

（5）景观保护规划的前提性原则；

（6）景观规划的反馈机制原则。

### （三）风景林规划定性

根据净月潭总体规划，该风景区属总体规划范围内一般游憩次区，适合开展多种野外娱乐活动，允许兴建适量娱乐设施及有限度的资源利用。

### （四）规划结构布局

风景林位于净月潭南、环潭路内侧为沿潭地带的中心。为使该风景带满足对岸视点及内环路沿线在潭边的近距离观赏风景的要求，总的布局采用沿地形及潭边走向的层带状布置，断面布局呈三角状布置（图7-5）。

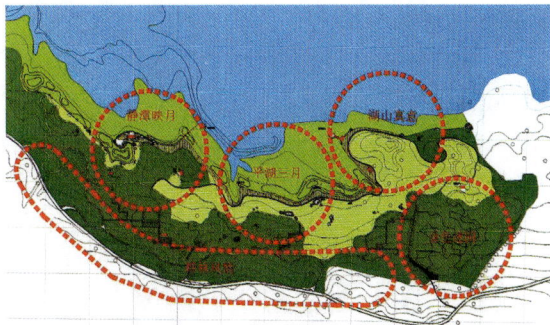

图7-5 景区分区图

（五）植物景观生态群落规划（略）

（六）景区划分及景点布置

根据风景林生态及空间布局结构和规划规模、性质，以及不同景观变化，将该林地分为五个景区：净潭映月风景区、草色波光景区、湖山真意景区、四季桦林景区、金色迷园景区。五个景区内分布十八个景点。

（七）道路交通规划

道路交通规划（图7-6）和林地保护抚育相结合，限制车辆驶入，整个林地交通道路分为三级：主路、次路、辅路。主路为石板或混凝土路面；次路为石板或砾石嵌块路面；辅路可采用灵活的方式，如：砂石路，草地路、木条路、栈道等。主路宽3m，次路宽1.8m，辅路宽0.75～1.5m。

（八）水土保持

拟建风景区目前为裸露土层，仅在庄稼未收割前有较弱的抵抗冲刷力。结合景观塑造，采取如下水土保持措施：

图7-6　景区交通规划图

（1）沿层带结构，每隔10m种植根系发达的地被植物苜蓿、野牛草等，灌丛如榛丛、胡枝子、灌木柳丛等。

（2）采用石景组成局部石丛，结合地被植物形成石台地，防止水土流失。

（3）保持整个规划风景林地不露上，实行草地、地被及灌丛乔木组成的全面立体绿化措施。

（九）用地平衡表（略）

# 第二节　城市景观系统规划

## 一、城市景观系统概述

城市景观（Urban Landscape or City Landscape），体现为城市范围内各种环境元素所反映出的城市形象。凯文林奇（Kevin Lynch）在《城市意象》一书中总结出城市形象的五个要素，即道路（Paths）、边沿（Edges）、区域（Districts）、结（Nodes）、标志（Landmarks）。国内，一些学者将城市景观定义为城市自然环境、人工环境和社会环境的结合体。其中，自然要素包括城市的地形地貌特征、气候、植被、水体等；人工要素包括建筑、广场、街道、公园绿地、艺术小品等，其中建筑应当是它构成的主体；人文要素包括不同城市人们独特的文化传统、风俗习惯、社会生活、宗教信仰等。所有以上元素共同作用，相互影响，所反映出的视觉总体和城市整体形象便构成了城市景观系统。

## 二、城市景观系统规划

城市景观系统规划，就是根据城市的性质规模、现状条件、城市总体布局，形成城市建设景观布局的基本构思。例如，结合城市用地的客观条件，对城市主要建筑群体组合等提出某些设想，并作为城市设计和详细规划时考虑问题的基础。根据城市总体规划的景观布局，进行城市空间的组合、河湖水面及高低山丘的结合、广场建筑群的组合、绿化和风景视线的考虑，以便全面地实现城市总体景观布局的要求。

城市景观系统规划不同于绿地系统规划只对园林、绿地的平面位置做出安排，还进一步研究城市的空间形态，是对于城市绿地系统规划的延伸。通过对城市景观资源结构的研究，发掘反映城市特征的景观要素，结合对各个功能用地做出安排，为城市景观系统形成提供条件。现阶段我国城市总体规划中往往只重视城市绿地系统规划的编制，对于城市景观系统规划缺乏深入研究，这种做法不利于城市景观系统的形成和城市整体形象的塑造。

# 第三节　城市绿地系统规划

## 一、城市绿地系统规划概述

城市绿地系统是指充分利用自然条件、地貌特征、基础种植（自然植被）和地带性园林植物，根据国家统一规定和城市自身的情况的标准，将规划设计的和现有的各级各类园林绿地用植物群落的形式绿化起来，并以一定的科学规律给予沟通和连接，构成的完整有机的系统（图7-7）。

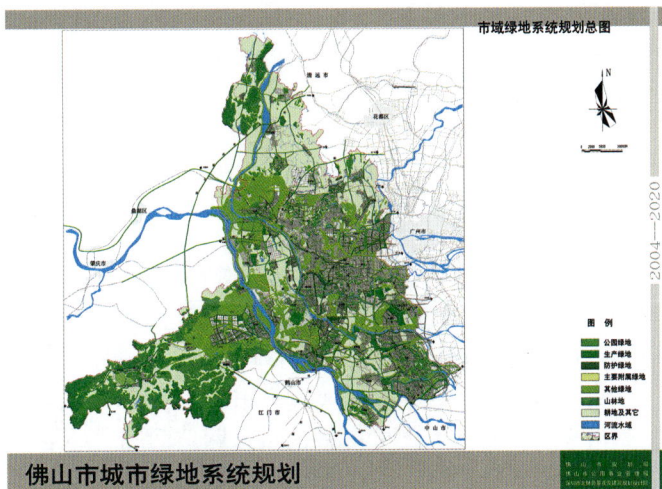

图7-7　佛山市城市绿地系统规划

城市绿地系统规划是城市总体规划的内容之一，是城市地块景观设计和城市设计的基础。理想的城市绿地系统规划应该是城市规划师和景观设计师合作完成的。

## 二、城市绿地系统规划的布置原则

城市绿地系统规划由于各城市气候、地形地貌、社会历史环境的差异，布置形式宜因地制宜，但在实施过程中应遵循以下几条原则。

整体性原则：城市绿地系统由城市中的大型绿地、防护林带、公园绿地、生产绿地、自然风景区等各个层次构成，建设过程应注意统筹安排。

均衡性原则：城市绿地应分布均衡，点（点状绿地）、线（道路绿化、绿化防护带等）、面（公园、风景区等）结合。各类公园绿地有合理的服务半径，方便居民就近使用。

地方性原则：城市的气候、地形、土壤条件等自然条件差异很大，城市的性质、规模、绿化现状、历史因素等条件各不相同。绿地的布局方式、规模大小、树种选择等方面都应和城市自身特点结合，形成富有城市特色的绿地系统。

多样性原则：包括物种多样性和景观多样性两方面。城市由于人类活动影响使得生态环境比较脆弱，通过绿地建设增加物种的多样性可以提高城市生态环境的稳定程度。

阶段性原则：城市绿地系统规划应分期建设，考虑可持续发展。

## 三、安阳市绿地系统规划（摘要）

### （一）现状综述与分析

#### 1. 城市概况

安阳市位于河南省的最北端，省辖市，市域面积7413平方公里，人口500余万人，非农业人口90余万人，辖安阳市、林州市、内黄、滑县、汤阴五县及市区。

按照"安阳市城市总体规划"，安阳市的城市性质确定为：国家级历史文化名城，以钢铁、电力、轻纺为主，商贸、旅游业繁荣的区域性中心城市。

#### 2. 安阳市城市绿地现状分析

（1）全市绿地未形成体系，点、线、面之间没有形成有机联系，绿地功能未能充分发挥。

（2）各项绿化指标都偏低，绿地分布不均。

（3）种植类型较简单、树种有待进一步丰富。

### （二）城市绿地系统总体布局

（1）指导思想。

（2）规划目标。

（3）布局原则。

（4）布局结构。安阳市城市绿地系统为三带三环、八横八纵的"带、环、网"结构所组成。所谓"三带"指横穿城区的三条河渠，即：安阳河，洪河及万金渠两岸的绿带。"三带"作为重要的生态生物廊道，在夏季导入东南风，对降温、降尘减菌均起到良好作用，此外，"三带"与北风、东北风成顺向交叉，既可减轻风害，还可防止钢铁厂排出的污染物向城内扩散。"三环"是指以古城为中心向外扩展形成的三个绿环。带、网是基础，环是纽带，把全市大大小小的各种绿地联系在一起，形成一个有机的绿色整体网络。

（5）规划期限与分期实施。本规划期限为2006～2015年；规划分两期实现：近期为2006～2010年，远期为2011～2015年。

### （三）公共绿地规划

（1）适量发展大型综合性公园、儿童公园、植物园、动物园等的同时，应着重发展小型绿地（如：街头绿地、小游园、游憩绿化带等），在充分利用现有绿地的前提下，合理布置新的公共绿地，以方便居民使用。

（2）公园、广场、小游园应各具特色。市级公园应考虑各年龄段游人文化、爱好、消费水平等不同层次的需求。

（3）本规划市级公园的服务半径为2500m，区级公园服务半径为1250m，居住区级公园为750m左右，街头绿地为250m左右。

（4）带状公共绿地规划。针对安阳市目前情况，难以大量通过拆除建筑的方式拓展绿地面积，在缺乏绿地的居住小区附近设带状公共绿地可以部分满足居民对休息活动场地和绿地的需求。

（5）街头绿地规划。没有生态景观绿带的街道，应该在道路红线之外，每隔2000m距离，可设面积约2000m²左右的街头绿地，或结合共建在主要出入口两侧建设街头绿地。

（6）规划绿地指标（表）。

（四）生产、防护绿地规划

（1）生产绿地规划。依据住建部《城市绿化规划建设指标的规定》，城市生产绿地的面积应占城市建成区面积的2%以上。安阳市目前生产绿地较少，在规划区内的苗圃面积只有18公顷。本规划拟将生产绿地和开发区高科技农业区结合考虑。具体地点在洪河开发区西南部的高科技农业园区内，将生产基地和相关科研基地的建设一并进行。这样生产绿地总面积达212公顷，占城市规划用地的2.12%。

（2）防护绿地规划。防护绿地通常以林地、林带草地（坡）等形式存在于城市规划范围的周边、过境铁路、公路两侧、高压线走廊或工厂与居住区之间的隔离带，危险仓储区的防护绿带。本规划在不同地段配置不同类型的防护绿地，减少有害因子对环境的破坏。

（3）带状防护绿地规划。安阳市区的防护林带主要布置在安阳钢铁厂和殷墟保护区之间、安钢厂区与居住区之间、京广铁路穿过市区段两侧及河渠穿过市区段的两侧。

（4）市域生态空间保护体系。

（五）道路绿化规划（略）

（六）历史文化古迹的绿化

（1）古城区的绿化。

（2）殷墟保护区的绿化。

（3）滨河绿带。

（七）单位绿地与居住区绿化（略）

（八）避灾绿地规划（略）

（九）生态景观绿带规划（略）

（十）园林绿地树种规划（略）

（十一）分期建设规划（略）

（十二）绿地系统效益（略）

（十三）规划设施措施（略）

设计单位：中国风景林规划设计研究中心

完成时间：20××年××月

# 第四节 城市开放空间规划设计

欧洲某著名的建筑师曾说过"未来城市里高明的建筑师不是决定在哪里营造建筑，而是决定在哪里不可以营造建筑。"这句话揭示出了开放空间在城市景观中所处的重要地位。

城市开放空间是指城市的公共外部空间（不包括那些隶属于建筑物的院落），如公园、广场、城市街道、公共绿地、城市中的河流湖泊及滨水地区等。开放空间不仅为市民提供交往、聚会、活动的空间，还担负着城市防灾、美化环境、净化污染、平衡城市发展、调节土地使用密度等多项功能。

不同学科门类的学者对开放空间（Open Space）一词从各自专业角度有不同的解释。英国1906年修编的《开放空间法》（Open Space Act）将开放空间定义为任何围合或是不围合的用地，其中没有建筑物或者少于1/20的用地有建筑物，其余用地作为公园和娱乐场所，或堆放废弃物，或是不被利用。美国1961年的《房屋法》规定开放空间是"城市区域内任何未开发或基本未开发的土地。具有价值：公园和供娱乐用的价值；土地及其他自然资源保护的价值；历史或风景的价值。"我国一些学者认为"开放空间指城市公共外部空间，包括自然风景、广场、道路、公共绿地和休憩空间等"。以上概念从不同的方面来解释，用不同的方法从不同的角度来阐述。随着生态环境问题受到全球性的关注，可持续发展观念被人们广泛接受，生态文化日益渗透至人们日常生活空间的时候，建立以生态的景观规划设计观为基础的城市开放空间系统的概念显得尤为必要。

## 一、城市公园

### 1. 城市公园概述

城市公园为城市居民提供了亲近自然、休闲交往及其他活动的场所，被称为城市中的绿洲。公园的发展可追溯到公元前9世纪至公元前5世纪，最初的公园是一些经过改建的树木园、葡萄园、蔬菜园等。文艺复兴时期，随着欧洲高质量私家花园的逐步开放，一些先进的设计手法被引入公园设计当中。1843年，英国利物浦动用税收建造了可对公众免费开放的伯肯海德公园（Birkenhead Park，125英亩，约50公顷）标志着城市公园的正式诞生。

根据城市公园的功能、规模和服务对象的不同，可以将城市公园分为城市大型公园、城市主要公园、居住区公园、特殊公园（包括动植物园、历史公园、风景公园）等。城市公园一般由出入口、景点、区域、边界、道路等要素构成。

### 2. 城市公园设计要点

（1）运用形式美法则，创造出自然而富于变化的环境，如在植物的种类、质感、颜色、形上进行合理搭配，布置流动与静止的水等。

（2）为公众提供信息，如在树木、假石上标明种类、产地、特性等相关的标牌，在雕塑、壁画上标示出作者等，使游客在观赏的同时，对公园具有更多的了解。

（3）营造自然的氛围，对于一些树木要保留其本身的自然性，不要过分地修剪，同时，一些路径的材质也要尽量接近自然。

（4）提供完备的附属配套设施：如餐厅、厕所、围廊、桌子、座椅、垃圾桶、公共标识等。

（5）公园的文化特色应和地方特色相结合，创造具有地方性的景观特色。

（6）注重城市公园的生态功能，将景观设计与城市地段的生态恢复结合考虑。

（7）在园内划分区域，使游客能够对园区的状况清晰明了，如游乐区、商业区等。

### 3. 浙江黄岩永宁公园景观设计

浙江黄岩永宁公园为开放式公园，免费向市民开放。公园位于永宁江东岸，总用地面积约为21.3公顷（图7-8）。近几十年来，由于河道的硬化与渠化，使得河流形态改变，两岸植被和生物栖息地破坏。延续永宁江的自然和人文过程，让生态服务功能与历史文化的信息继续随河水流淌，是此次设计的主要目标。

新公园的景观设计和生态恢复是同步进行的。永宁江河道正在进行裁弯取直和水泥护堤工程，高直生硬的防洪堤及水泥河道已吞噬了场地1/3的滨江岸线。设计师建议地方领导停止正在进行的河道渠化工程，并通过多种方式改造已经硬化的防洪堤。例如，如将原来的垂直堤岸护坡改造成种植池，并在堤脚面一侧铺设亲水木板平台；放缓堤岸护坡，退后防洪堤顶路面，全部恢复土堤，并进行种植；部分地段扩大浅水滩地，形成滞流区或人工湿地、浅潭，为鱼类和多种水生生物提供栖息地、繁育环境和洪水期间的庇护所。

图7-8　浙江黄岩永宁公园规划平面

　　新建成的公园以生态为特色，以水为主体，环水构建楼阁、绿坡、树阵、竹林，集生态保护、人文观赏、休闲健身功能于一园，具强烈的时代色彩和乡土风情。公园分生态、景观两大园区。生态区突出自然元素，绿坡茂林、江堤湿地、栈桥流水、鹅卵石滩、梯级水瀑、水杉树阵和盒中景观共同构成园区自然风貌。"水杉树阵"是在一个自然的乡土植被景观背景之上，将树按5棵×5棵种在一个方台上，给它们一个纪念性的场所，重显高贵典雅。树阵或漂于水上，或落入繁茂的湿生植物之中，或嵌入草地，无论身处何地，独特的水杉个性都会显露无遗（图7-9）。"景观盒子"由8个边长为5m的方形具有不同主题的景观盒组成，分别为山水间、石之容、稻之孚、橘之方、渔之纲、道之羽、武之林、金之坊。它们作为公园绿色背景上的方格点阵体系，融合在自然之中，构成了"自然中的城市"肌理（图7-10）。野生的芦苇、水草、茅草等自然元素也渗透进入盒子，使体现人文和城市的盒子与自然达到一种交融互含的状态。景观区以现代、简约的几何形建筑为主，由主题雕塑《创造》以及水晶迪厅、渔人码头、亲水平台等景观组成。公园人文景观非常丰富，知名文化学者余秋雨先生为《创造》写颂，并为公园内景点"名人足迹园"题字。

图7-9　水杉树阵

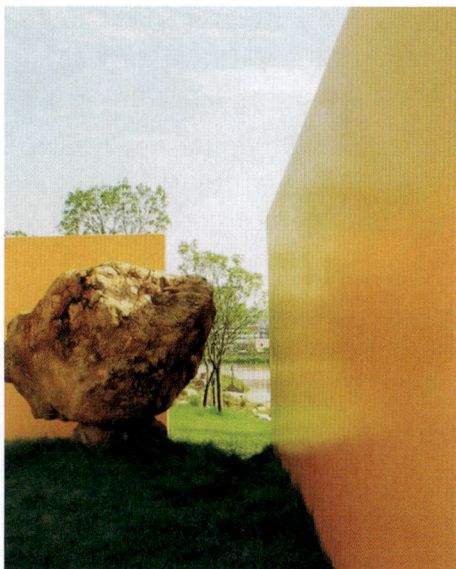

图7-10　景观盒子

## 二、城市广场

### 1. 城市广场概述

城市广场是城市中最早利用的一种开放空间形式，它由建筑或道路围合而成，是室内活动场所的延伸，通过配置一定主题的设施，为市民提供公共活动的场所。城市广场经历了长时间发展，从古希腊的"Agora"到古罗马的"Plaza"，再到中世纪的"Square"，现在的广场已经由最初的宗教、纪念性广场演化为具有商业、节日庆典、文化活动、市民休闲、交通组织等多种功能的市民公共生活核心场所，被称作"城市的客厅"（图7-11）。

图7-11　欧洲会客厅——圣马可广场　　Helena Afonso 摄

城市广场的设计是通过合理的设施来配置和组织空间，以实现其所负载的功能，并创造独特而丰富的空间景观意向。具体而言，包括以下各项内容：广场功能的组织；广场规模、尺度的确定；广场空间形式的处理；广场景观设施的设置；广场服务设施的配置；广场交通的有机组织；广场的竖向设计及市政配套。

### 2. 广场设计的一般原则

（1）协调性：城市广场必须与城市空间结构呼应，与周围环境相协调，同时广场内部空间环境相互融合形成有机整体。

（2）平衡原则：广场设计要掌握开敞和封闭的平衡，公共性和私密性的平衡。广场应具有一定的封闭性，使其既与周围环境相贯通，又能独立形成空间。

（3）场所感的创造：广场设计空间领域应明确，通过地面铺装材质、建筑外墙或其他形式形成明确的"图形"，即有确定的空间边界和格局。结合自然、人文及地域特色创造丰富活动空间，使之成为具有可识别性，使人产生认同感和归属感的空间场所。

（4）丰富性原则：广场设计的丰富性体现在两个方面——以多种空间景观给人以丰富的视觉感受；以各式活动场所适应人们丰富的社会活动。

（5）适度规模：城市广场可以改善城市面貌，但若为了追求气派而盲目扩大广场尺度，在浪费资源的同时也会使广场失去亲和力，反而不利于人们的活动。

### 3. 广场设计实例

波特兰市系列广场是劳伦斯哈普林在1960年代设计的一组广场绿地。广场由爱悦广场（Lovejoy Plaza）、柏蒂格罗夫公园（Pettigrove Park）和讲演堂前庭广场（Auditorium Forecourt）三个节点组成。哈普林在设计中表达出他对自然的理解。爱悦广场的不规则台地，是自然等高线的简化；广场休息廊上的不规则屋顶，来自对落基山山脊线的印象；喷泉的水流轨迹，是他反复研究加州席尔拉山山涧溪流的结果，而讲演堂前庭广场的大瀑布，更是对美国西部悬崖与台地的大胆联想。把这些事引入都市，是基于某种自然的体验，而不是对自然的简单的抄袭，这也是历史上任何优秀园林的本质。哈普林还认为，他设计的岩石和喷水不仅是供观赏的景观，更重要的是游憩设施，大人小孩都可以进入玩耍，在喷泉广场的落成

图7-12　哈普林设计的演讲堂前广场　　Gregg Morris　摄

典礼上，他甚至带头跳入水中（图7-12）。

纽约53号街的帕雷公园可称是城市袖珍公园的典范，泽恩在40ft×100ft大小的基地尽端布置水墙，用潺潺的流水声掩盖街道上的噪声，两侧建筑的山墙爬满了攀缘植物，成为垂直的草地。广场上种植的刺槐树树冠限定空间高度，形成明确的空间边界。泽恩称这个小广场为"有墙、地板和天花板的房间"。树下有一些轻便的桌椅，入口小商亭还提供便宜的饮料和点心，为广场提供了多种功能的活动场所。

## 三、交通空间景观

### 1. 街道景观概述

城市街道除了基本的交通功能以外，还为市民户外活动提供场所。吴良镛先生曾提到，如果说欧洲传统的交往空间主要在广场，中国传统与欧洲广场相应的则是街道。凯文林奇在《城市意向》一书中将道路排在城市形象五要素之首，可见城市街道对于塑造城市景观的重要性。城市街道是构成城市的框架和纽带，城市街道划分城市地块，并将广场、绿地等结点串联，构成城市空间的轴线和景观视廊。街道景观是城市风貌、特色的最直接体现，是人们认识城市的主要视觉和感觉场所。优秀的城市街景使城市居民有愉悦感、自豪感，使外来者对该城市留有亲切、美好的印象。

在具体的道路景观设计中，道路景观一般由以下要素构成：车行路面，道路两侧的人行道，道路栽植（包括行道树和灌木等），市政设施与景观小品（如路灯、道路交通标识、街边小品、电话亭、候车亭），道路两侧的建筑景观等。除了道路本身的景观元素，还要考虑从道路望出去所得到的近景、中景、远景效果，即所谓的道路景观区域（图7-13）。

### 2. 城市街道景观设计要点

（1）景观绿化的设置要在保证驾驶安全的前提下进行，避免景观绿化和构筑物遮挡视线。

（2）与街道其他景观元素相比，街道栽植更容易体现地域特征，本地特色树种不仅使居民产生亲切感，而且往往容易适应地域气候。此外，还要考虑随季节交替，绿化的叶、花、果实的色彩形态变化，如秋季红叶的榉树，黄叶的银杏、白杨等。行道树飞絮、花粉、果实掉落对道路环境造成的负面影响。

图7-13　旧金山伦巴第街
Steven M. Smalenberg　摄

（3）各种性质道路在景观设计时应区别对待，如交通性道路两侧的景观绿化不应过细，较快的观赏速度要求大尺度的景观，设计中对天际线景观节奏的要求较高，对于细节则会一晃而过（图7-14）。而生活性道路应该着重考虑人行道上设施的设计，铺地的材质色彩、座椅的质感、电话亭的安放位置等一些细部处理（图7-15）。

图7-14　法国香榭丽舍大街　　　　Omar Frenque III　摄　图7-15　国外某步行街

（4）道路作为线性空间具有方向性，道路景观设计宜根据地段特点创造景观特色节点，提高道路可识别度。

## 四、城市滨水区景观

### 1. 城市滨水区概述

我国古人注重城市水体的观念源于儒家朴素的生态思想和讲求"藏风得水"的城市建设理论，因此城市的选址、布局多与水息息相关。由于城市依水系而发展，商业贸易随水系而繁荣，自然地构成人们聚集、交往、贸易、停驻的所在，以此基础发展而来的滨水区逐渐成为城市的诞生地。

滨水区，意为水边、海边、湖边，作为城市与江、河、海接壤的区域，它既是陆地的边沿，也是水的边缘。滨水区由于自然景观的优势，为城市人文景观的形成提供了良好的环境背景。大面积的水面使得建筑群的天际轮廓线在波光闪烁的光影中充分展示。滨水区还有利于公共活动的开展。如旧金山的渔人码头周边地区，结合滨水绿化带设计的林荫漫步道、节日广场、商业广场，使之成为受人欢迎的公共开放空间（图7-16）。

图7-16　国外某海滨　　　　　　　　　　　　　Mattk　摄

### 2. 滨水区景观规划设计要点

（1）城市滨水区的景观优势在带来地区繁荣的同时，也带来较大的水资源载荷，市内水域常需承担生活用水、工业用水、排污等功能，因此，在对城市滨水带设计时要注意景观生态的整治与改造，保持原有物种多样性，改善水质，提高人居环境品质。

（2）滨水区护岸设计在注重景观效果的同时还要为人们的亲水活动提供方便，并保证这些活动的安全性（图7-17）。

（3）将岸线空间与已建成的环境融合起来，精心处理开放空间和建筑地区交界的边缘线，岸线设计应适度曲折富有变化。

（4）滨水地区景观应保证对全体市民开放，不应将其置于某单位用地界限内，避免其划

图7-17 横滨滨水区景观

归某一单位或个人使用。

（5）滨水区建筑设计要注意保护沿岸景观的整体性，过度强调个性的建筑设计难以和周围建筑环境和谐，将破坏城市的轮廓线和整体风貌。

### 3. 巴尔的摩内港区的改建开发

巴尔的摩位于美国东海岸，是美国主要的主业港口之一，市中心主要沿其港口展开（图7-18）。由于二战后重工业的衰退，巴尔的摩市中心也随之衰落，码头仓库空闲，城区楼宇空置，居民贫困比率逐年上升。

为提高经济发展和城市形象，从20世纪60年代开始，市政府和商界试图通过滨水地区改建工程带动该市旅游业的发展。20世纪70年代，随着滨水地区改建的展开，市政府从旅游业收入中得到了回报，并将这些资金投入新的改建项目中。

巴尔的摩港区更新开发的构思是：以商业、旅游业为磁心，吸引游客和本地顾客，在商业中心周围布置住宅、旅馆和办公楼。将大型购物中心（港湾市场Harbor Place）、绿地、广场、海洋馆、战舰展览、游艇中心等商业和休憩旅游设施布置在最接近水面的地段。离市中心较远处的水边为高层公寓，近水的公寓可以为收入较高的居民提供私人游艇码头、水上运动俱乐部等别处无法提供的设施。另外，这部分顾客由于大多没有小孩，从而节约了幼托小学的建设投资。

内港区空间环境的改善，主要针对城市中上收入阶层和外来游客的娱乐和商业购物需要。但由于忽略了改善低收入群体生活品质的需求，整个城市的社会环境没有得到实质性的改善，尤其是社会治安恶化，最终没有吸引更多的中上收入的家庭留在或返回市区（图7-19）。

图7-18 巴尔的摩市中心平面

图7-19 巴尔的摩内港区　　　　　David Parsley 摄

## 第五节　庭院景观设计

### 一、庭院景观概述

庭院景观绿化是城市绿化建设的重要组成部分，也是与建筑结合最为紧密的一类景观。庭院景观绿化除了为人们观赏、休息、交流、运动等活动提供方便外，还起到改善建筑群体内部环境的作用，如净化空气、调节温度、吸附灰尘、减少噪声等。庭院景观设计包括植物造景、山水建筑、景观小品等内容。

庭院风格按布局可分为三大类：规则式、自然式、混合式。按文化特征可分为：中式、日式、欧式等。中式庭院有三个支流：北方的四合院庭院、江南的写意山水、岭南园林；其中江南园林成就最高，数量也最多。欧洲庭园的风格有五个分支：意大利式台地园、法式水景园、荷兰式规则园、英式自然园、英式主题园（图7-20，图7-21）。

图7-20　欧式庭院设计　　　　Christopher G. Utter 摄

图7-21　南美风格庭院设计　　　　Paul Poronto 摄

### 二、庭院景观设计要点

庭院景观营造需要注意以下几点。

（1）植物选择因地制宜，并保证植物种类多样性。植物布置要注意不同植物形态和色彩的合理搭配，不同季节植物的花色配合。庭院宜选择能够净化空气的树种，尽量不要选择有毒有刺的植物，以便于人员进入活动。

（2）注意动观和静观的结合，静观是指设计人员有意识地安排视线范围内的主景、配景、前景、中景和远景，尽可能促使景观向纵横两个方向发展。"动观"则是通过人们的行走路线，把不同的景观组成连续的景观序列，即步移景异。综合考虑动观、静观，将雕塑、水景、栽植、小品融入庭院设计中。

（3）注意庭院景观亲和性，庭院尺度不宜过大，空间应开合有序，富有变化，宜透则透，宜闭则闭。

（4）配合不同功能的建筑，其庭院设计应区别对待，如居住庭院需更多考虑老人和儿童的活动场地设置，而办公建筑的庭院主要为工作人员提供休息、放松的环境，医疗建筑庭院则宜种植具有杀菌和空气净化功能的植物，避免种植产生花粉、飞絮的植物。

### 三、庭院景观设计实例

韩国首尔永登浦区"文来洞现代家园"是在原来的旧工业基地上建造的新居民小区项目，为减少尚未清理的旧工厂痕迹对居民生活的影响，增加绿地和开放空间，规划将小区的各个庭院均布置成公园，而把停车场设置在地下和小区周边。小区利用庭院空间布置了许多公共活动设施。景观设计师从孩子的视角出发，以生态和创意为主题，用不加任何加工的槐树原木演绎出丛林一般的游戏空间，满足了城市儿童接近自然的愿望（图7-22）。玫瑰庭院的半球形喷水设施喷出水柱，缓缓流入莲花形的水槽。座椅和长凳散落于松林之中，人们在此小憩，片刻便可随着潺潺水声融入这一片自然之中。在居民共用设施旁设置的矮墙迷宫，高度刚好遮挡小孩子的视线，既是通往中央松树林的道路，也成为小孩子玩耍的乐园，较低的墙高也方便家长坐着观看孩子的活动。小区还在外围工厂旧址的缓冲空间栽植各种树木，并在树林中设置学习设施和体育锻炼设施，行人走入其间仿佛置身于植物园中。小区的另一个出口的空间被设计成具有异国情调的休息庭院。在秋天，人们可以躺在栎树下的木质平床上仰望色彩斑斓的枫叶，欣赏美丽的天际（图7-23）。该设计获得了第12届"首尔景观建筑奖"铜奖。

图7-22　槐树丛林游戏空间

图7-23　栎树下的木质平床

## 第六节　城市景观保护与城市更新

### 一、概述

著名建筑师黑川纪章曾经讲过，建筑是本历史书，在城市中漫步，应该能够阅读它，阅读它的历史、它的意韵。城市作为一个流动的生生不息的有机体，其建筑和景观随着社会发展不断演化更新，并且在城市演化的各个历史时期，以人工景观作品及其有历史印记地段中的场所、建筑、环境等，反映特定时期的政治、经济、文化特征。城市景观的本质是人们主观意愿的一种物质表达，反映了人们不同时期的价值观和世界观。城市的历史景观和建筑作为"人化自然"构成了城市人文景观的基本特征，是我们值得珍惜和保护的历史遗产。

《北京宪章》曾经指出，20世纪是一个"大发展"和"大破坏"的时代，人类对自然和文化遗产的破坏已经危及自身的生存，"建设性破坏"始料未及，且屡见不鲜。许多具有保留价值的建筑、古树、景观、风貌在城市建设的轰鸣声中永远消失。鲁迅曾说："谁毁了自己的过去，也就毁了自己的将来。"城市历史景观破坏将切断城市文脉的延续和特色风貌的继承，给我们的城市留下历史的、永久的遗憾和创伤。

城市的更新与保护是一对矛盾的主体，更新是发展的必然，而保护是更新的前提，正确的做法是在更新中贯穿保护，在保护中融入更新，两者同时进行，不可偏废，没有保护的更新将使城市的素质和面貌无法控制。采取有机更新理论，运用历史的、文化的、自然的、生态的、特色的、连续的观点和方法进行城市的更新改造，追求自然与和谐，保留城市发展历史的连续性和完整性，延续城市的文脉，保护城市的特色。

城市是一个连续的发展过程，既包括对于过去发展轨迹的历史延续，也包括现在城市改造的应用意义，还涵盖未来社会形式的理想追求。城市更新的过程应既满足现在人们对于城市风貌景观的要求，也不破坏城市文脉和未来城市更新的环境资源，使城市持续发展。

## 二、城市景观保护与城市更新的典型模式

### （一）历史地段的保护性开发

对于历史地段的保护性开发，是在保留城市各历史时期的典型建、构筑物的前提下，运用历史的、文化的、生态的、连续的观点和方法对城市的进行有机更新。这种更新不是对老城区的推倒重建，也不是对新建建筑采取形式上的简单复古，而是对原有建筑、设施、古木、街道、景观等进行有选择地保护和利用，并通过富有地方特点和文化特色的建筑、景观设计为历史地段注入新的功能，使之重新焕发活力。

苏州南护城河沿岸作为苏州近代工业的重要发祥地，曾经建立过大量现代化的纺织、染织工厂。随着城市化进程加快，护城河沿岸一带从城市边缘转变为中心区，交通压力不断加大，而老化了的工业企业也对城市环境造成严重污染。该设计通过协调沿岸景观与古城风貌，对地段功能进行重新定位，形成包含旅游商业服务区、地段性商贸闹市区、生活居住区、环城旅游观光绿带的"三区一带"的结构形态，使南护城河沿岸成为集水上旅游、道路交通、绿化休闲、古城保护、城市防洪等系统为一体的城市景观精品地带。

南门路段规划设计强调"亲水性"，突出水与建筑、街巷、桥梁的密切关系，尤其在盘门入口地段和其他水湾节点处继承建筑贴水、临水、枕水和街巷沿河的传统布置手法，保留街区中原有古桥，使之在河道上成为空间的焦点。建筑设计方面主要采用院落式空间布局，继承轻巧柔和、体态小巧玲珑、粉墙黛瓦和坡屋面等传统苏州建筑造型，体现秀丽的苏州建筑艺术风貌。街道家具的设计也很具有传统意味，路灯、座椅、公交车站、电话亭、广告牌、垃圾箱、栏杆、道路铺地等的设计体现出苏州的地方文化特色。

### （二）工业废弃地更新

工业废弃地，指曾为工业生产用地和与工业生产相关的交通、运输、仓储用地，后来废置不用的地段，如废弃的矿山、采石场、工厂、铁路站场、码头、工业废料倾倒场等。随着各国城市化进程的不断推进，原处城市近郊的老工业用地逐步接近城市中心，与居住、商业活动相互影响、制约，已成为城市功能混杂的"模糊地段"。工业废弃地的生态环境被破坏、环境污染严重，治理难度大，往往采取"一推了之"的更新方式。这种简单粗暴的处理方式截断了城市工业发展的历史脉络，对工业文化景观的巨大破坏。工业建筑虽然失去了他最初的功能，但并不代表他失去了可以继续服务人们的价值。通过对旧工业建筑的改造和周边地

区的生态恢复和景观再生，使其具有新的功能，满足城市自我更新过程中功能结构调整的需求是一条切实可行的方法。在西方，较早开始了此种实践，德国重要工业基地鲁尔区，通过保留和改造原有的工业设施，创造了独特的工业景观，建成了国际建筑展埃姆舍公园。德国北杜伊斯堡景观公园，建在原钢铁厂与炼炉厂所在地，是景观和自然方面新思路的探讨。在国内，近年也开始进行一些尝试，案例有广东中山岐江公园、北京798艺术工厂等（图7-24，图7-25）。

图7-24 保留船厂屋架为工业景观

图7-25 废弃铁路成为景观一部分

以下方案为我们对于工业废弃地更新进行的一次尝试。青岛市晶华玻璃厂位于青岛的工业发源地——四方区，随着城市中心向北转移，玻璃厂周围居住区大量增加，工业废弃地的恶劣生态环境与居民需求休闲活动场所的矛盾日益凸显。本规划通过改造玻璃厂废旧厂房为其他功能用房，运用现代生物技术对受到工业污染破坏的厂区土壤进行生态恢复，为周围居民提供娱乐、办公、商业、室外活动的场所（图7-26）。

图7-26 晶华玻璃厂地块改建

玻璃厂的三座烟囱作为工业景观的组成部分而得以保留，完整保留的一座成为城市地标，较小的两根只保留基座部分，作为城市工业发展的实物见证布置在市民活动广场中，较小的尺度使市民可以接近、触摸。旧厂房高大的内部空间经过重新划分改造为艺术家工作室，而利用拆除厂房断墙建成的玻璃长廊在记录玻璃厂历史的同时也成为艺术品的展示空间。工厂弃置的设备和工业构件经过处理后，作为富有工业趣味的雕塑作品（图7-27）。在厂区污染地段采用生物疗法处理污染土壤，增加土壤的腐殖质，增加微生物的活动，种植能吸收有毒物质的植被，使土壤情况逐步改善，焕发青春，向人们展示新生态景观的魅力。

景观规划设计涉及面极为广泛，以上层次划分只能选取较为典型的景观规划设计范例加以说明，还有许多景观规划类型未能顾及，如校园景观规划、工业园科技园景观规划等。景观规划设计各个层次的划分方法在学科领域并无定论，我们对之加以划分是为了让读者对工

**图7-27　晶华玻璃厂地块设计**

作学习中碰到的各种类型景观设计的设计内容有初步的认识，从而快速准确地查阅专项书籍和资料。随着景观学科的发展，景观规划设计的层次也将不断细分、调整和扩充。

# 第八章
# 现代景观设计的理论与实践

> **重点提示** 前几章已经介绍了现代景观设计的概念、设计方法、成果表现等内容，本章将对现代著名景观设计师与理论家的思想、世界著名景观作品进行介绍，使大家了解现代景观设计的相关理论与实践，从而对景观设计有进一步的认识，并找出继续学习的方向。

现代意义上的景观设计是在工业化、城市化和社会化背景下产生的新型综合性现代学科。100多年前在国际上出现第一个独立的景观规划与设计专业（Landscape Architecture）以来，欧洲、美国和澳大利亚等地区和国家都逐渐建立起成熟的景观教育体系，并成立了相应的景观教育（设计师）组织，以负责制订统一的教育标准和评估办法，同时还设立了专门的评估机构，形成了一批有代表性和有影响力的国际景观组织。

现代景观设计学从其产生到目前较为成熟的状态，及其在全球的广泛发展，与一系列重要人物、他们的理论研究以及相关的景观设计实践活动，有着密切的关系，在某种程度上，正是这些关键性的人物、理论与实践，推动了景观设计学科在全球的发展。

## 第一节 现代景观设计相关人物及其理论

以下将介绍五位著名的景观设计师和理论家，其中既有推动景观学科产生的关键人物，也有在现代、当代景观学界极为重要的人物。

### 一、弗雷德里克·劳·奥姆斯特德（Frederick Law Olmsted）

美国人奥姆斯特德（图8-1）是全球景观设计学的先驱者。他于1858年，提出了现代景观设计的概念，针对日益被破坏的自然环境，他提出了"把乡村带进城市"的观点。著名的纽约中央公园，就是他把保护自然的理想付诸设计实践的重要作品，而正是这一作品，被认为是现代景观设计的开创先河者。

他早年游历英国并于1852年完成了他的第一本专著——《美国农夫在英国的游历和谈话》，其中赞赏了英国的乡村风光和伯肯黑德（Birken head）公园，称它为"人民的花园"。后来，他成为美国北方报纸《纽约每日时报》通讯员并以记者的身份在美国南部呆了一年的时间，期间创作了三卷本《我们的努力国家》。1868年，出版了一本关于城市规划方面的书籍——《先驱的条件与美国文明的倾向》，在书中他批判了规

图8-1 奥姆斯特德肖像

划中忽视长远利益，只为了目前利益的带有破坏性的设计，该书产生了积极而又深远的影响。

除了理论著作，奥姆斯特德还有很多设计作品，如特利尔的皇家山公园、波士顿的"绿项链"市政建设、尼亚加拉大瀑布公园和加利福尼亚的公园和娱乐场、200多个私人庄园、50个居住区设计以及40余所校园设计。奥姆斯特德曾四处游历，并因其丰富的人生阅历、综合的理论思想记录及其对景观的理论研究，对美国20世纪景观和全球景观设计学的发展产生了重大影响。

从1860年到1900年，奥姆斯特德等景观规划设计师在城市公园、绿地、广场、校园、居住区及自然保护地等方面做了很多的规划设计，推动了景观设计学科在规划层面的发展。在此基础上，1900年奥姆斯特德之子小奥姆斯特德（F.L.Olmsted）和舒克利夫（A.A. Sharcliff）在哈佛大学首次开设了景观规划设计专业课程，并在美国首创了4年制的景观规划设计专业学士学位，教授内容涵盖了城市公园和绿地系统、城乡风景道路系统规划设计，居住区、校园、地产开发、农产和国家公园的规划设计和管理等，随后又进一步扩展到主题公园和高速公路系统的景观设计。景观设计专业在美国的设立，开创了景观设计作为专门学科的历史。

## 二、伊恩·伦诺克斯·麦克哈格（Ian Lennox McHarg）

美国人伊恩·伦诺克斯·麦克哈格，是世人公认的生态主义设计的先驱。他曾是美国宾夕法尼亚大学土地与城市规划系助理教授，后来于1956年在该校创建了景观设计专业，并逐渐发展成景观设计学系。当时人们缺乏对现代环境设计中自然因素的注重，出于对这一现状的关注，身为景观设计师的麦克哈格早在1965年，就在其经典名著《设计结合自然》(Design With Nature)（图8-2）中，提出了综合性的生态规划思想。他以丰富的资料、精辟的理论，阐述了人与自然环境之间不可分离的关系，设计应该遵从与自然结合的原则，而不是凌驾于自然之上、一味地占有自然资源。他提出的生态主义设计思想，在现代景观设计学中开拓了新的领域。此后，他又在1996年出版《生命的追求》一书，在1998年出版的《拯救地球》一书中，他也是主要作者。他一反以往土地和城市规划中功能分区的做法，强调土地利用规划应遵从自然固有的价值和自然过程，即土地的适宜性，并因此完善了以因子分层分析和地图叠加技术为核心的规划方法论，该方法论被称为千层饼模式，从而将景观规划设计提高到一个科学的高度，成为21世纪规划史上一次最重要的革命。

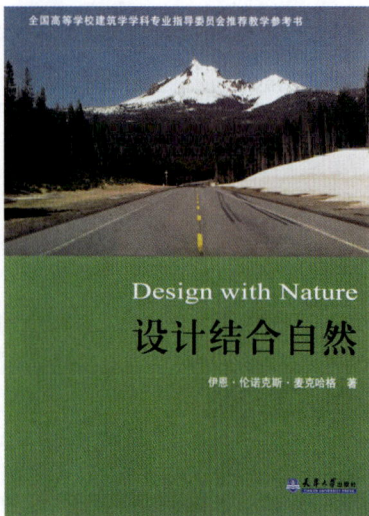

图8-2 《设计结合自然》

## 三、约翰·奥姆斯比·西蒙兹（J. O. Simonds）

约翰·奥姆斯比·西蒙兹（图8-3），是美国现代景观设计的又一先驱，曾任美国景观设计师协会（ASI.A）主席，英国皇家设计研究院研究员，美国总统资源与环境特别工作组成员，美洲社区规划组织顾问等职。他在风景园林理论、设计实践、教育等方面均取得了令人崇敬的成就。著名的建筑史学家艾伯特·费因称他是"美国最广泛受尊敬的景观设计师"。他的著作有《景观设计学——场地规划与设计手册》《大地景观——环境规划设计导论》《21世纪园林城市——创造宜居的城市环境》等书。他的主要设计作品有匹兹堡梅隆广场(Mellon Square)、渔民度假区、芝加哥植物园(Chicago Botanic Garden)、迈阿密湖新镇(Miami

Lakes New Town）等。

在其理论和设计中，西蒙兹强调景观设计应该遵从自然固有的价值，比如他认为，应该对地块的现状进行分析，研究地块最适合的利用方向，充分发挥地块的最大潜能，而不是单纯地对土地进行功能分区。在迈阿密湖新镇的规划中，他就保留和利用了众多原有湿地，形成独具特色的景观特征。他认为，通过规划改善环境的真正含义，"不应该仅是改正由于技术与城市的发展而带来的污染及其灾害，而应该是一个创造的过程，在这个过程中，人与自然可以和谐地不断演进。在它的最高层次，文明化的生活是一种探索的形式，它帮助人们重新发现与自然的统一。"换句话说，即在规划甚至人类文明发展的过程中，我们需发现并推动人类与自然之间的和谐，实现这两者的共同、协调发展。

图8-3 西蒙兹肖像

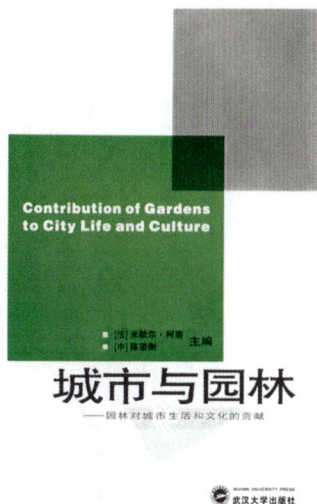

西蒙兹设计的匹兹堡市梅隆广场改变了城市的重心，为标准的沥青水泥城市沙漠创造了清新的绿洲，成为美国现代风景园林改善城市环境的典范。这个"有喷泉、鲜花、明亮色彩的都市绿洲"被誉为现代风景园林改善城市环境的代表作。

## 四、米歇尔·柯南（Michel Conan）

米歇尔·柯南，美国哈佛大学敦巴顿橡树园园林和景观研究部主任（驻哈佛大学理事）。曾是巴黎住宅建筑国家研究中心社会科学部的学科带头人、哈佛大学敦巴顿橡树园景观建筑学研究高级委员会的会长、法国巴黎第十大学教授；曾获法国科学研究中心（CNRS）颁发的铜质奖章。

在米歇尔·柯南看来，"通过景观作品实现的意图，在景观再美化的阶段显现自身。此时，创造者和大自然的结合更像是一种对话而不是一种造型律令。与艺术形成强烈对比的是，景观创造是长久的、一系列的交流过程，但是它们之间的区别却被艺术家们自己忽略了：建筑（景观）基于对人类意志自由的肯定，它确定了空间对时间的优先权。景观设计艺术通过自然意志与人类创造性想象之间的重新对话，对现有的场所进行重塑。在不断显现出来的变动中，自然总是会打上人类曾在此生活过、参观过和工作过的新烙印"。这段话强调了景观设计不是一种僵硬地搬套设计原理（规则、教条）的过程，而应该是设计者及其思维与大自然不断对话的共同调适结果；景观创造和不断得到美化，这是一种长期的过程，需要以动态的观念来看待景观，而不是像一般艺术创作那样的静态化和短时间完成；景观设计的艺术追求，则需以对自然的足够尊重为基础，实现自然与人类艺术想象的逐步调适；而景观，则会因人们在其中的各种活动，而获得新的内容和属性。

因其对景观设计和自然关系深入的、哲学化的思辨，使柯南的理论成为当代景观设计学界的重要内容。柯南最重要的专著有《穿越岩石景观——贝尔纳·拉絮斯的景观言说方式》《城市与园林——园林对城市生活和文化的贡献》（图8-4）等。

Contribution of Gardens
to City Life and Culture

**城市与园林**
——园林对城市生活和文化的贡献

［法］米歇尔·柯南 主编
［中］陈望衡

武汉大学出版社

图8-4 《城市与园林》

## 五、伊丽莎白·梅耶尔 (Elizabeth K. Meyer)

梅耶尔教授（图8-5）是一位杰出的景观设计学者和教师，曾任教于哈佛大学和康奈尔大学。现为美国弗吉尼亚大学景观设计学系主任和景观设计研究生院院长。于1992年、2003年、2004年先后被美国景观设计教育家委员会（CELA）、美国景观设计师协会、美国弗吉尼亚大学授予"杰出学者和教师"称号。梅耶尔教授是美国景观设计师协会（ASLA）会员，也是一名注册景观设计师，曾先后与Michael Vergason、Alesandria、Van Valkenburgh等公司及剑桥大学进行协商合作，合作的项目有Bryant公园、卡内基-梅隆大学、Wellesley学院以及弗吉尼亚大学等，其中Bryant公园获得国家设计与规划奖。

梅耶尔的教学与学术兴趣主要集中于三个方面：现代景观理论的恢复与重新审视，当代景观实践评价体系的建立，以及设计思想的现场说明（场地的文化层面与自然过程）。梅耶尔教授著有众多有关景观设计理论的书籍和论文，并且做了多场国际性的演讲。她的著作有《不确定的公园，不安定的场所、公民与风险社会》（Uncertain Parks： Disturbed Sites, Cities and a Risk Society）等。众多理论探索和实践，使梅耶尔在全球当代景观设计学界赢得了较高的声誉。

## 六、彼得·沃克 (Peter Walker)

彼得·沃克（图8-6），生于1932年，美国著名景观设计师，"极简主义"设计代表人物，美国景观设计师协会理事，美国注册景观设计师协会（CLARB）认证景观设计师，美国城市设计学院成员，美国设计师学院荣誉奖获得者，美国景观设计师协会城市设计与规划奖获得者。彼得·沃克一直活跃在景观设计教育领域，有超过50年的景观设计教学及实践经验。1978—1981年担任哈佛大学景观设计学院系主任。1983年于加利福尼亚州伯克利市成立了彼得·沃克景观设计合伙人公司（简称PWP）。最著名的著作《看不见的花园：寻找美国景观的现代主义》。

PWP的每一个项目都融入了丰富的历史与传统知识，顺应时代的需求，施工技术精湛。PWP的业务范围比较广，从城市、公园、校园的规划延伸到公司总部、博物馆、广场以及私家花园的设计，这其中包括了斯坦福大学临床科学研究中心、日本丰田市美术馆、澳大利亚悉尼千禧公园、达拉斯纳什尔雕塑中心等优秀作品。彼得·沃克与以色列裔建筑师迈克尔·阿拉德（Michael Arad）的"反省缺失"（Reflecting absence）方案被确定为纽约世贸中心纪念

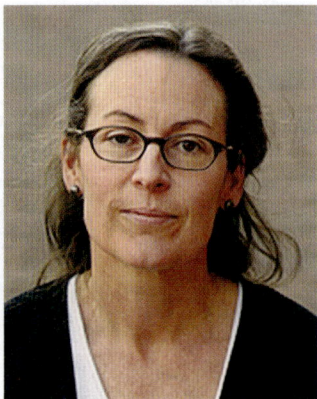

图8-5　伊丽莎白·梅耶尔

图8-6　彼得·沃克

馆的最终方案。

由于彼得·沃克的杰出贡献，2007年PWP获得了景观设计单元的美国国家设计奖。入围决赛的还有宾夕法尼亚大学景观设计学系主任James Corner的FO（Field Operation）和著名景观设计师Ken Smith。而2006年该奖项被著名的景观设计师和艺术家彼得·沃克的夫人玛莎·施瓦兹女士获得。

## 七、玛莎·施瓦兹（Martha Schwartz）

玛莎·施瓦兹（图8-7）是美国Martha Schwartz合伙人事务所总裁，在剑桥、麻省及伦敦分别设有设计事务所。玛莎有25年的从业经验，而且始终孜孜不倦地探索景观设计新的表现形式，她的作品享有国际盛誉。

玛莎是艺术对景观的"入侵者"，是传统园林审美的"冒犯者"，是一位在景观设计方面的"离经叛道者"。她的作品表现出对一些非主流的临时材料及规整的几何形式有着狂热的喜爱，也同时表现出对其基址的文脉的尊重。

玛莎非常注重作品对生态系统所产生的社会影响力，她喜欢在场景中采用技术手段而非自然标准或假定的自发性方案，她酷爱鲜艳夺目的色彩和另类材料，而且对潮流非常敏感，她的作品常常与公众舆论相冲突，

图 8-7　玛莎·施瓦兹

而招致同行的批评。但是，无论是赞同者还是反对者，都认为她是一位"始终孜孜不倦地探索景观设计新的表现形式，希望将景观设计上升到艺术的高度"而值得尊重的景观大师。

她的作品在形式手法上有以下特征：①平面中几何形式的应用。②对基址文脉的体现。③在景观中组合非常规的现成品。④使用廉价的材料。⑤人造植物代替天然植物。⑥传统园林要素的变形和再现。⑦对垂直面和水平面同等关注。

## 八、托马斯·丘奇

丘奇是"加州花园"的创造者。加州花园是带有露天木质平台、游泳池、不规则种植区和动态平面小花园的户外生活新方式的代称。

丘奇最著名的设计是唐纳花园（图8-8）。这个花园由入口院子、游泳池、餐饮处和大面积平台所组成。庭院轮廓由锯齿线和曲线相连（钢琴母线）。肾形水池的流畅线条与其中雕塑的曲线和远处海湾的S形线条相呼应。劳伦斯·哈普林参加了这一工程设计。

丘奇在较小一些的尺度上，同样重复了锯齿线和钢琴线的母题。

他的设计反对形式主义，认为设计方案要根据建筑的特性、基地的情况以及客户希望的生活方式来定，"规则或不规则，曲线或直线，对称或自由，重要的是你以一个功能的方案和一个美学的构图完成。"丘奇是北美历史上第一位接受抽象的现代主义设计原则的专业景观设计师。

丘奇在现代园林设计发展中的影响极为巨大。从20世纪30年代后期开始，他的风格在很长时间内对美国和国外的年轻设计师们起着引导的作用，尤其是在"二战"前后，他的事务所对全美的年轻设计师来说是最具吸引力的地方。他的书和文章广被大众阅读，使专业和

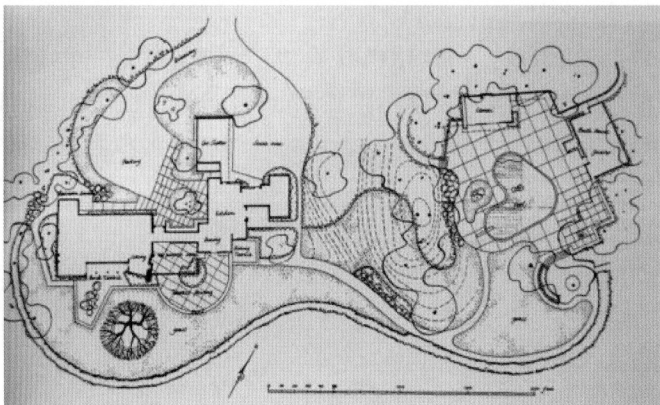

图 8-8　唐纳花园

非专业人士都能了解他的设计原则。

丘奇是20世纪少数几个能从古典主义和新古典主义的设计完全转向现代园林的形式和空间的设计师之一。他的贡献在于，在大多数人迷茫徘徊之际，开辟了一条通往新世界的道路。他的设计平息了规则式和自然式之争，使建筑和自然环境之间有了一种新的衔接方式。

丘奇在传统年代登上风景园林设计的舞台。他是传统的，足以看到旧时代的价值观；他又是开放而敏感的，足以接受新事物，并且明白任何优秀事物必须建立在它的基础原则的全部知识之上。正如"哈佛革命"（克雷、埃克博、罗斯）的发动者之一，"加利福尼亚学派"的另一位出色的设计师埃克博所描述的，丘奇是美国"最后一位伟大的传统设计师和第一位伟人的现代设计师"。

## 九、丹·克雷

丹·克雷（图8-9）是美国景观建筑设计领域作品最多、设计寿命最长的设计大师之一。他早期的作品里有着很多历史元素；《自然：设计之源泉》的发表，则代表了他设计思想的成熟。他后期的作品更加体现出人对自然的尊重，并流露出浓厚的结构主义韵味。

丹·克雷早期的设计常常从基地功能出发，明确空间类型，然后用轴线、绿篱、整齐的树列、树阵、方形的水池、树池和平台等语言来塑造空间。注重结构的清晰性和连续性。材料的运用简单而简洁，没有装饰细节。空间的微妙变化主要体现在材料的质感色彩、植物的季相变化和水的灵活运用。早期作品有米勒庄园、法国巴黎拉·德方斯区的达利中心。

其中1955年设计的米勒庄园是克雷转折时期的作品，标志着克雷独特风格的初步形成。丹·克雷以几何分割的水池和草地展开，其比例模数和优美的韵律与附近建筑相联系，竖向的绿篱、喷水及两边各4排高大的刺槐树增加了花园竖向尺度，限定了空间。

20世纪80年代克雷的设计风格更趋成熟。试图加强景观的偶然性、主观性，加强时间和空间不同层次的叠加，创造出更复杂、更丰富的空间效果。

丹·克雷后期的作品让我们更加感受到了人对自然应有

图 8-9　丹·克雷

的尊重，并流露出浓厚的结构主义韵味。他留下的作品，是属于全世界一代又一代人的财富。

## 十、劳伦斯·哈普林

劳伦斯·哈普林（图8-10）是托马斯·丘奇的学生兼合作者，早期哈普林设计了一些典型的"加州花园"，采用了超现实主义、立体主义、结构主义的形式手段，大面积的铺装，明确的功能分区，简单而精心的栽植。

劳伦斯·哈普林最重要的设计是1960年为波特兰市设计的一组广场和绿地。这个设计由三个节点组成。开始点是"爱悦广场"，其中不同高度的瀑布将许多高低错落的水池联系起来，那些混凝土台阶和池边的设计营造了一种如同流水冲蚀过的感觉，其形象是从高原荒漠中得到的灵感。

第二个节点是柏蒂格罗夫公园（Pettygrove Park），是一个有安静的树荫、曲线隆起的小山丘的区域。仿佛置身于曲折的山谷、小溪与草地之中。这种设计首先见于颐和园的后山，那里面岗阜回环，鸟鸣山幽；另一个是玛莎·施瓦兹的类似设计。

第三个节点是"演讲堂前广场"。在混凝土块组成的方形广场上方是一连串清澈的水流，从上而下层层落下，气势雄伟。而这个大瀑布也是对自然的悬崖和台地的大胆想象。

这三个节点组成了一个完整的景观序列：喷泉—林涧—瀑布。

在现代景观学的发展过程中，以及当代对景观设计相关理论的研究中，出现了众多关键性的理论与实践作品，以上五位重要人物的理论与实践，正是其中的典型代表，景观设计学在现、当代的长足发展，与这些理论和实践的关键性作用密不可分。

在我国，也出现了众多的景观设计学研究人员，正是他们的理论与实践探索，促进了我国传统园林文化的发展，及其与现代景观学理论的相融合。进入20世纪90年代中期以来，随着国外景观设计思想的大量引进，和新世纪之初景观设计师被国家劳动和社会保障部正式认定为我国的新职业之一，在建筑理论、园林设计和环境科学等学科领域，都出现了基于专业视角对景观设计的深入研究和探讨，如吴家骅著《景观形态学：景观美学比较研究》（中国建筑工业出版社1999年版）、刘滨谊《现代景观规划设计》（东南大学出版社2005年版）（图8-11）、俞孔坚《景观：文化、生态与感知》、俞孔坚、李迪华《城市景观之路——与市长们交流》等著述。

图8-10 劳伦斯·哈普林

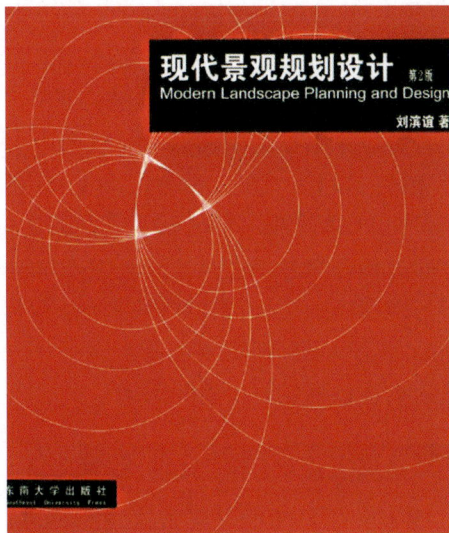

图8-11 现代景观规划设计

# 第二节　现代景观设计实践

## 一、纽约中央公园

19世纪50年代，纽约等美国的大城市正经历着前所未有的城市化，对经济的重视，对自然环境的轻视，导致了很多城市问题，比如空气质量恶化等。在这样的背景下，奥姆斯台德与Vaux的方案在1858年中央公园设计竞赛中获胜，奥姆斯台德也被任命为公园建设的工程负责人。历时15年，纽约中央公园（图8-12）于1873年全部建成。

图8-12　纽约中央公园

他在中央公园中引入了一个新的观念，即都市景观空间应该是内向观看的，应是尺度巨大的，而在许多形式多样而丰富的单体中尺度又要尽量缩小。纽约中央公园（Central Park），是美国乃至全世界最著名的城市公园，它的意义不仅在于它是全美第一个并且是最大的公园，还在于在其规划建设中，诞生了一个新的学科——景观设计学（Landscape Architecture）。

## 二、流水别墅的景观

位于美国匹兹堡市郊区的熊溪河畔的流水别墅（图8-13）是现代建筑的杰作之一。设计者F·L·赖特在受到匹兹堡百货公司老板德国移民考夫曼的委托之后，潜心研究地形数月，设计出了这座别墅，并取名为"流水"。

图8-13　流水别墅

按照赖特的设计，"流水别墅"背靠陡崖，悬浮于瀑布之上，生长巨石之间。悬挑的阳台，长短不一，相互穿插，与巨石呼应。别墅共三层，面积约380m²，室内空间自由相互穿插，室内外空间又相互融合。它以二层（主入口层）的起居室为中心，其余房间向左右铺展开来。别墅外形与地形巧妙结合，强调体块组合。赖特描述这个别墅是"在山溪旁的一个峭壁的延伸，生存空间靠着几层平台而凌空在溪水之上——一位珍爱着这个地方的人就在这平台上，他沉浸于瀑布的响声，享受着生活的乐趣"。

## 三、马赛公寓的绿色景观探索

建于1946～1957年的马赛公寓（图8-14），地处马赛市郊，是一座大型的公寓住宅。其设计者是勒·柯布西埃（Le Corbusier）。这座为缓解二战后欧洲房屋紧缺的状况而设计的新型密集型住宅，充分体现了的理念，即把住宅群与城市联合在一起。这座被设计者称为"居住单元盒子"的公寓，165m长，56m高，24m宽，有18层。建筑是通支柱层制成在花园上部的，底部的架空可以用来停车和通风。大楼公建配套齐全，在8楼设置了水果店、蔬菜店、鱼店、奶店、洗衣店等，顶层还设计了幼儿园与托儿所，屋顶设计成了带有游泳池的屋顶花园。大楼的居住单元丰富，有23种不同的单元，可供从单身到8个孩子的家庭选择户型。

图8-14　马赛公寓屋顶

在公寓的设计过程中，勒·柯布西耶应用了一套"模数"系列，这套系列是一男子的身体各部分尺寸为基础形成的接近黄金分割的定比数列。

　　马赛公寓代表勒·柯布西耶对于住宅与公共居住问题研究的高潮点，结合了他对于现代建筑的各种思想，尤其是关于个人与集会之间关系的思考。那里的居民都已经形成一个集体性的社会，就像一个小村庄，共同过着祸福与共的生活。没有任何个人的牺牲，因为每一个公寓单元都是隔音的，与周围山光水色的环境保持直接的接触，拥有雕刻般的雄浑力量。

## 四、黄石国家公园

　　美国的州立及国家公园运动起源于19世纪下半叶，主要是通过F·L·奥姆斯特德的影响而发展起来。筹建国家公园的目的是要保留一批从未遭受破坏的自然景观。美国第一个国家公园——黄石国家公园(图8-15)，是1972年对外开放的。

　　世界上最原始的国家公园——黄石国家公园（Yellowstone）地处美国西部北落基山和中落基山之间的熔岩高原上，绝大部分在怀俄明州的西北部。海拔2134～2438m，面积8956km²。公园保护了园内的树木、矿石的沉积物、保存了秀美的自然奇观和风景。黄石国家公园的建立也为如何保护美丽的自然环境独特的自然地域提供了范例。

图8-15　黄石国家公园

## 五、拉维莱特（La Villette）公园

　　拉维莱特公园（图8-16）地处巴黎东北角，利用解构手法来传递传统文化，是由解构主义大师屈米设计的。在19世纪中叶，为了弥补城市化的不足，人们提出了将自然引入城市。公园建造地原是一个畜屠宰场及批发市场，环境恶劣、混乱不堪。在屠宰场关闭后，德斯坦总统提议，兴建一个大型的多功能的音乐城和公园。屈米在设计巴黎拉维莱特公园规划时曾指出："公园的三个自立的和重叠的系统，以癫狂的无限结构的可能性，提供了一条映像多

图8-16　拉维莱特公园

元化的道路，每位观者都可以提出自己的解释，又导致一种再解释的缘由"。

拉维莱特公园方案没有沿袭传统公园设计模式，没有将都市作为一个整体来考虑，而是从法国传统园林中提炼出了一些要素。他把地块用点、线、面的结构来划分，把众多的文化设施组织在120m间隔的方格网里，并在交叉点布置内容和形状各异的文化设施。对于深受解构主义哲学影响并且纯粹以形式构思为基础的公园设计，屈米认为是一种以明显不相关方式重叠的裂解为基本概念建立新秩序及其系统的尝试。这种概念抛弃了设计的综合与整体观，是对传统的主导与和谐构图及审美原则的反叛。他将各种要素裂解开来，用机械的几何结构处理以体现矛盾与冲突。与传统公园精心设计的序列与空间景致相比，这种结构与处理方式更注重景观的随机组合与偶然性。

## 六、艾美舍景观公园 （Emscher landscape Park）

20世纪，各国设计师纷纷利用废旧工业厂区、废弃矿藏区进行景观重利用的改造，地处德国北部的Dursburg的艾美舍景观公园（图8-17）正是设计师对废弃的钢铁厂改造的实例。

图8-17　艾美舍景观公园

艾美舍景观公园占地约230m²，其不同于其他公园的标志性特色在于设计师充分利用了废旧钢铁厂的遗留物。将废弃的混凝土净化水箱改造成了封闭式花园，并形成了起伏的变化。将10m深的混凝土储藏箱分隔成不同的单元，为成人和儿童提供娱乐的空间。在其中的一个单元里，一根闪亮的不锈钢管作为滑梯从顶部弯曲，穿越厚厚的墙壁，从另一个开间通到底部。当人们滑过钢管时，一种从黑暗过渡到光明的过程，让人们体会到19世纪旧钢铁厂生产的情景。设计师还结合巨大的残墙设计了攀岩设施，为人们提供攀岩场所。在这里，并没有任何绿化，而是充满了各色各样的游人。他们踩在软软的细沙上，或者攀登在巨大的混凝土残墙上。这充分地展示了设计师试图达到的富有动感三度空间的视觉美化效果。

现代景观设计学确立后，特别是20世纪下半叶全球对人类与自然、与能源的相互关系，以及人类自身生存环境的重新审视，并由此形成关于可持续发展战略的共识以来，全球的景观设计活动得到了极大发展，各国各城市涌现出大量优秀的实践。以上实例仅是选取了其中的典型代表，对全球各地景观设计实例的介绍，目前国内已出版了众多书籍，并可以作为本节内容延续的读物。

综合看来，景观设计学的发展涉及很多方面，它关系到生态、园林、人居环境等问题，同时又与雕塑、绘画等艺术领域相互结合。本章列举了景观规划设计方面的著名设计师及其理论与实践，介绍了一系列著名的景观作品，如果期望更多、更深入理解景观设计理论知识和实践作品，这些介绍可以成为有效的切入点。

## 七、外交部大楼环境设计

巴西新首都巴西利亚，1965年，外交部大楼环境设计（图8-18和图8-19），布雷·马克斯用简洁的手法设计了大面积平静的水面，不同形状的混凝土花池如同小岛一样漂浮于水面上，有的高出水面，有的沉于水下，适合不同习性的植物生长。

图8-18　外交部大楼环境设计平面图

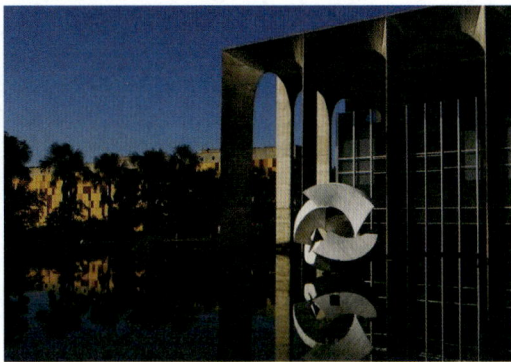

图8-19　外交部大楼环境设计

在建筑首层，他设计了冬园(the Winter Garden)，主要是由自由曲线的花坛、弯曲的马赛克园路和由卵石和植物填充的种植池组成。

20世纪80年代，晚年的布雷·马克斯仍坚持设计，甚至比以前更有活力。在其长达五十多年的设计历程中，完成了上千件设计作品。

布雷·马克斯是位优秀的抽象画家，他的风格受立体主义、表现主义、超现实主义等的影响。事实上，他在景观设计的同时，一直没有停止绘画创作，他为许多重要的建筑物创作了壁画，在不同的国家举办过画展。他认为，艺术是相通的，景观设计与绘画从某种角度来说，只是工具的不同。他用艺术的手法来设计景观,给人耳目一新的感觉。布雷·马克斯用流动的、有机的、自由的形式设计花园，一如他的绘画风格。他用大量的同种植物形成大的色彩区域，如同在大地上而不是在画布上作画，他曾说"我画我的花园"(I paint my gardens)，这正道出了他的造园手法。

布雷·马克斯的作品扩展了古老的花坛的形式。他的曲线的花床，如同一支饱含水分的画笔在大地上画出鲜艳的笔道。他用花床限制了大片的植物的生长范围，但是从不修剪植物，这与巴洛克园林的摩纹花坛有着本质的区别。他用植物叶子的色彩和质地的对比来创造美丽的图案，而不是主要靠花卉。他还将这种对比扩展到了其他材料，如砂砾、卵石、水、铺装等。在他的眼里，这些造园的材料好像都是调色板上的一种颜料，任凭他在大地上挥洒自如。他的这种注重材料的整体的色彩和质感的方式，被许多后来者所学习。

布雷·马克斯也是一位坚定的环境保护者，面对巴西环境严重破坏的情况，他举办讲座，通过各种媒体呼吁保护环境，在其影响下，政府采取了一些更现实的措施，建立了一些自然保护地带。

布雷·马克斯的景观设计平面形式强烈，但他的作品绝不仅仅是二维的、绘画的，而是由空间、体积和形状构成。草地、砾石和水面提供了一个平坦的连绵不断的大空间，乔木和灌木的使用与低矮的植物形成对比，分割或限定了空间。棕榈、苏铁等三五一组，种植在园林中，将视线引向上方。

## 八、詹克斯的私家花园

英国著名的建筑评论家詹克斯的私家花园（图8-20 ～图8-22）中，波浪线是花园中占主导地位的母题，土地、水和其他园林要素都在波动。詹克斯甚至将这个花园称为"波动的景观"。绿草覆盖的螺旋状小山和反转扭曲的土丘构成花园视觉的基调，水面随地形而弯曲，形成两个半月形的池塘，两个水面合起来恰似一只蝴蝶。由两种当地石块筑成的"巨龙 HAHA"（Giant Dragon HaHa）盘旋在花园中，两种颜色在竖向上构成倾斜的条纹，仿佛地质变迁形成断裂的岩层，一直延伸到地下深处。位于HAHA凹入处的"对称断裂平台"（Symmetry Break Terrace）上有草地的条纹图案，代表着自宇宙产生以来的四种"跃迁"：能量、物质、生命和意识。

图8-20　詹克斯的私家花园

图8-21　半月形的池塘

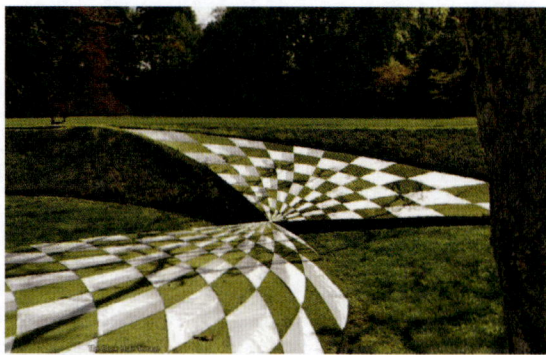

图8-22　"对称断裂平台"

## 九、西雅图煤气厂公园 (Gas Works Park)

1970年，景观设计师哈克被委托在始建于1906年的西雅图煤气厂8hm$^2$的旧址上建设新的公园（图8-23 ～图8-25）。顺理成章的做法是将原有的工厂设备全部拆除，把受污染的泥土挖去并运来干净的土壤，种上树林、草地，建成如画的自然式公园，但这将花费巨大。

哈克决定尊重基地现有的东西，从已有的东西出发来设计公园，而不是把它从记忆中彻底抹去。工业设备经过有选择的删减，剩下的成为巨大的雕塑和工业考古的遗迹而存在。东部一些机器被刷上了红、黄、蓝、紫等鲜艳的颜色，有的覆盖在简单的坡屋顶之下，成为游戏室内的器械。这些工业设施和厂房被改建成餐饮、休息、儿童游戏等公园设施，原先被大多数人认为是丑陋的工厂保持了其历史、美学和实用的价值。工业废弃物作为公园的一部分被利用能有效地减少建造成本，实现了资源的再利用。

图8-23 西雅图煤气厂公园

对被污染的土壤的处理是整个设计的关键所在，表层的污染严重的土壤虽被清除，但深层的石油精和二甲苯的污染却很难除去。哈克建议通过分析土壤中的污染物，引进能消化石油的酵素（酶）和其他有机物质，通过生物和化学的作用逐渐清除污染。于是土壤中添加了下水道中沉淀的淤泥、草坪修剪下来的草末和其他可以做肥料的废物，它们最重要的作用是促进泥土里的细菌去消化半个多世纪积累的化学污染物。由于土质的关系，公园中基本上是草地，而且凹凸不平，秋天会变得枯黄。哈克认为，万物轮回、叶枯叶荣是自然的规律，应当遵循，没有必要用花费昂贵的常年灌溉来阻止这一现象。因而，公园不仅建造预算极低，而且维护管理的费用也很少。

图8-24 西雅图煤气厂公园平面图

图8-25 西雅图煤气厂公园

这个设计在许多方面以生态主义原则为指导，不仅在环境上产生了积极的效益，而且对城市生活起到了重要作用。各种各样的活动在这里展开，如音乐会、公共集会、放风筝、骑自行车、儿童游戏和眺望风景。煤气厂公园不是一个凝固的景观，它的功能是为未来的多种可能性提供一个框架，首先是让人们以自己的方式来使用公园。

通过综合的设计，将原有的工业废弃环境改造成为一种良性发展的动态生态系统。强调了这些废弃结构设施的自然特性，即逐渐腐蚀而重归自然的性质，有弹性和适应性地再循环利用废弃的环境，使公园处在衰败和更新的动态过程中，保留了历史的记忆，又恢复了生态环境，并且为地区更新与发展提供了良好的基础。

## 十、水园 (Waterworks Gardens)

美国华盛顿州Renton的水园（图8-26，图8-27）工程是一项集生态和艺术为一体的工程。水园面积3hm²，原有一块湿地，位于一个废水处理厂旁边，暴雨的时候，从周围20hm²范围的道路和停车场汇集而来的泥泞雨水，最高会达到每分钟7600L的流量，如果用排污管道处理，代价昂贵，且会破坏原有的湿地，与生态原则相违背。

水园的建设能够处理雨水，增加湿地，创造花园空间。雨水被收集注入11个池塘以沉淀污染物，然后释放到下面的湿地，以供给植物、微生物和野生动物。一条小径曲折穿过池塘和湿地后与园外的步行路相联系。

花园就像一棵繁茂的植物，池塘就像叶片和花，小路恰似植物的茎秆，它们表达出自然系统的自净能力。颗粒状的污染物首先在池塘中沉淀，然后顺水流到湿地，通过呈带状种植的湿地植物如莎草、灯芯草、黄鸢尾、红枝山菜萸等得以完全地过滤。水潺潺流过，途经5个种植一些大型开花植物的花园空间，其中还有一个奇妙的岩洞，洞窟的表面镶嵌着彩色的石块和卵石，地面的图案就像巨大的植物，从地下生长到墙上，代表着水通过净化得到的再生。这个生态花园由艺术家乔丹、双乔尼斯景观事务所与布劳和卡德维尔工程顾问公司共同设计，体现了自然系统的自组织和能动性。

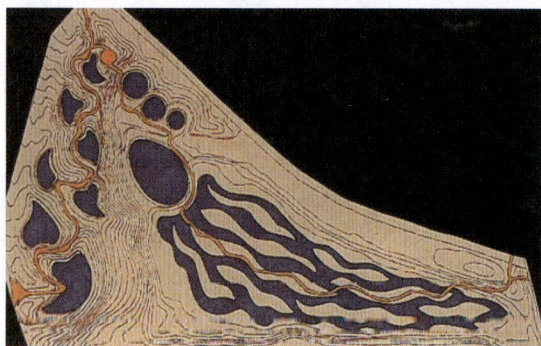

图8-26　水园

图8-27　水园实景

## 参考文献

[1] I·L·麦克哈格.设计结合自然.芮经纬,倪文彦,译.北京:中国建筑工业出版社,1992.

[2] 凯文·林奇.城市意象.方益萍,何晓军,译.华夏出版社,2001.

[3] 李道增.环境行为学概论.北京:清华大学出版社,1999.

[4] 吴良镛.广义建筑学.北京:清华大学出版社,1989.

[5] 吴良镛.人居环境科学导论.北京:中国建筑工业出版社,2001.

[6] 约翰·O·西蒙兹.景观设计学——场地规划与设计手册.俞孔坚、王志芳、孙鹏,译.北京:中国建筑工业出版社,2000.

[7] 刘滨谊.现代景观规划设计.南京:东南大学出版社,1999.

[8] 冯炜,李开然.现代景观设计教程.北京:中国美术学院出版社,2002.

[9] 陈六汀,梁梅.景观艺术设计.北京:中国纺织出版社,2004.

[10] 张家骥.园冶全释.太原:山西古籍出版社,1993.

[11] 陈从周.说园.济南:山东画报出版社,同济大学出版社,2002.

[12] 吴家骅.景观形态学.叶南,译.北京:中国建筑工业出版社,1999.

[13] 华南工学院建筑系.园林建筑设计.北京:中国建筑工业出版社,1986.

[14] 朱良志.中国艺术论十讲——曲院风荷.合肥:安徽教育出版社,2003.

[15] 金学智.中国园林美学.北京:中国建筑工业出版社,2000.

[16] 唐军.追问百年——西方景观建筑学的价值批判.南京:东南大学出版社,2004.

[17] 俞孔坚,李迪华.城市景观之路——与市长们交流.北京:中国建筑工业出版社,2003.

[18] 周维权.中国古典园林史.北京:清华大学出版社,1999.

[19] 卢原义信.外部空间设计.尹培桐,译.北京:中国建筑工业出版社,1985.

[20] 柳骅,夏宜平.水生植物造景.中国园林,2003(3),59.

[21] 罗文媛.建筑设计初步.北京:清华大学出版社,2005.

[22] 周敬.景观艺术设计.北京:知识产权出版社,2006.

[23] 杜顯刚,李齐路.大连优秀景观园林设计.辽宁:辽宁科学技术出版社,2004.

[24] 胡德君.学造园:设计教学120例.天津:天津大学出版社,2005.

[25] 顾小玲.景观设计艺术·设计篇.南京:东南大学出版社,2004.

[26] 洪得娟.景观建筑.上海:同济大学出版社,1999.

[27] 付军.风景区规划.北京:气象出版社,2004.

[28] 张国强,贾建中.中国风景园林——规划设计作品集萃.北京:中国建筑工业出版社,2003.

[29] 李德华.城市规划原理.3版.北京:中国建筑工业出版社,2001.

[30] 张庭伟,冯晖,彭治权.城市滨水区设计与开发.上海:同济大学出版社,2002.

[31] 刘骏.城市绿地系统规划与设计.北京:中国建筑工业出版社,2004.

[32] 邵琳,黄嘉玮.城市开放空间的保护与再生——以新一轮大伦敦空间发展战略的开放空间规划为例.园林工程,2005(5).

[33] 俞孔坚,刘东云,刘玉杰.河流再生设计——浙江黄岩永宁公园生态设计.中国园林,2005(5).

[34] 韩国GROUP HAN事务所.住宅与公共景观设计.黄香实,译.辽宁:大连理工大学出版社,2007.4.

[35] 巢耀明.苏州环护城河风貌保护区南门路段规划设计.规划师,2004(04):59-63.

[36] 李伟.关于《设计结合自然》的历史叙事——从历史的角度看伊恩·麦克哈格与景观设计学[J].新建筑,

2005（5）：64-67.

[37] 王欣.美国当代风景园林大师——J.O.西蒙兹.中国园林，2001，17（4）：75-77.

[38] 周马凤，陶练.传统文化与现代公园设计.新建筑，2001（3）：42-43.

[39] 刘滨谊.现代景观规划设计.2版.南京：东南大学出版社，2005.

[40] 俞孔坚，刘东云.美国的景观设计专业.国外城市规划，1999（2）：1-9.

[41] 佚名.伊丽莎白·梅耶尔（Elizabeth K. Meyer）[EB/OL].中国建筑网，2007-11-20.

[42] 桂强.景观美学的自律与他律.艺术百家，2007（2）：115-118.

[43] 刘怡.建筑开放空间探讨.中外建筑，2007（7）：33-35.

[44] 张彩虹.再访马赛公寓.华中建筑，2003，21（3）：28-30.

[45] 熊建平.论现代建筑形态的重构.现代商贸工业，2007（12）：219.

[46] 刘玉杰.现代景观规划设计诠释——由西蒙兹的《景观设计学》谈起.中国园林，2002.

[47] 王晓俊.疯狂与数字——对伯纳德·屈米两个公园设计竞赛方案的解读.新建筑，2006（6）：90-94.

[48] 俞孔坚.景观设计：专业、学科与教育.北京：中国建筑工业出版社，2003.

[49] zwt6008.悠游电子相册——园林景观18.[2009-2-12].http://hi.baidu.com/zwt6008/album/item/9b0c098bc
c9eb6ddfc1f10e1.html.

[50] Surprise one@baidu相册.广场一角/家乡.[2009-2-12].http://hi.baidu.com/surprise_one/album/item/5c446
8d61da6643c06088bda.html.

[51] cc50199205 @baidu相册.埃及金字塔.[2009-2-12].http://hi.baidu.com/cc50199205/album/item/775e60958
f4612067bf480c0.html.

[52] linshichucun@baidu相册.中国山水画3.[2009-2-12].http://hi.baidu.com/linshichucun/album/item/8acae1f
d1b9a430708244d7b.html.

[53] 成浩楠@baidu相册.水立方.[2009-2-12].http://hi.baidu.com/成浩楠/album/item/f2ef450aac1d222eb0351d21.html.

[54] 荧窗细语@baidu相册.雅典卫城（希腊）.[2009-2-12].http://hi.baidu.com/荧窗细语/album/item/cac70c5
4ac3d980e3b293549.html.

[55] 吴吕明.广州，白天鹅宾馆.[2009-2-12].http://www.phototime.cn/photo.php?act=buyer&step=view&pid=
136486.[RM图片].

[56] 周新春.青岛五四广场.[2008-5-16].http://www.2e2r.com/html/scenicspots/s_sd/2006/12/14/1525003C0J00K981CEE72H.htm.

[57] 71flash.com.泰山风光.[2008-4-3].http://www.71flash.com/article/1/8/2007/20070220383_21.html

[58] 米歇尔·柯南，陈望衡主编.城市与园林：园林对城市生活和文化的贡献.武汉大学出版社，2006.

[59] 蛛蛛.初次进入鸟巢-国家体育场.[2009-2-12].http://www.bbker.com/D149407.html.

[60] dysturb.net. Kokerei Lake.[2009-2-12].http://www.dysturb.net/wp-content/plugins/falbum/wp/album.php?a
lbum=72157600113959278&page=1&photo=466258464.

[61] 现代景观规划设计Golden-Book.Com. 2版.[2009-2-12].http://www.golden-book.com/ProductImage/0703
07-070308/7810898884.jpg.

[62] kunchuan.net.云南民航航空小区绿化工程（施工项目）.[2009-2-12].http://www.kunchuan.net/project/
detail/?id=46.

[63] lvtou.com.汇泉广场.[2009-2-12].http://www.lvtou.com/showSight.do?id=12414.

[64] penny@猪行天下旅游网.纽约中央公园四季风光.[2009-2-12].http://www.pigtour.com/bbs/PrintPost.
asp?ThreadID=84543.

[65] 7_70@ flickr.com. Parc de la Villette 4.[2009-2-12].http://flickr.com/photos/770/7361455/.

[66] soufun.com. 勒•柯布西耶作品之马赛公寓 . [2009-2-12]. http://www.soufun.com/news/2008-04-04/1636998.htm.

[67] Nancy Slade. Remembering John Ormsbee Simonds / The Culture Landscape Foundation . [2008-3-17]. http://www.tclf.org/pioneers/simonds.htm.

[68] Padwa@visionunion.com. Padwa 设计的公园座椅 . [2009-2-12]. http://www.visionunion.com/article.jsp?code=200607190034 .

[69] xmtrip.net. 厦门夏令营/学生夏令营 . [2009-2-12]. http://www.xmtrip.net/show.asp?ArticleID=875.

[70] zeuoo.com. 杭州西溪国家湿地公园 . [2009-2-12]. http://www.zeuoo.com/spot/995.html.

[71] 幺幺的宝宝 @baidu 相册 . 流水别墅 . http://hi.baidu.com/shaochuanqiong/album/item/bf1476ee947b1c332df534db.html [2009-2-12]. http://hi.baidu.com/shaochuanqiong/album/item/bf1476ee947b1c332df534db.html . }

[72] 新安人家 @baidu 相册 . 印象圆明园（京）. [2009-2-12]. http://hiphotos.baidu.com/新安人家/pic/item/f471e77f2a9b3d1829388a09.jpg.

[73] 饕餮吾爱 @baidu 相册 . 鲁迅公园的鲁迅塑像/妖眼看青岛 . [2009-2-12]. http://hiphotos.baidu.com/cranberries_sweetest/pic/item/15dc890aa08a9b0d94ca6bdb.jpg.

[74] Donggengximu@baidu 相册 . 20058303632214000000000000/北京的虚景 . [2009-2-12]. http://hiphotos.baidu.com/donggengximu/pic/item/9c3bc051044daf2843a75bd9.jpg.

[75] hsw2010@baidu 相册 . 美国黄石国家公园 . [2009-2-12]. http://hiphotos.baidu.com/hswabc/pic/item/75d9e7ed8fb3835c79f05568.jpg.

[76] 黑猫 @bbs.cg98.cn.【问好】法国园林艺术 . [2008-7-15]. http://bbs.cg98.cn/viewthread.php?tid=38470.

[77] 别梦 @bbs.xyzm.com. [原创]青岛游记（1）. [2009-2-12]. http://bbs.xyzm.com/dispbbs.asp? boardID=52&ID=19491.

[78] 佚名 @ bjmsg.focus.cn. 奥运规划- 周边轨道交通 . [2009-2-12]. http://bjmsg.focus.cn/msgview/ 4605/1/63004333.html.

[79] 碧水庭院 @home.soufun.com/bbs. 欧式庭院之英国自然式园林 . [2009-2-12]. http://home.soufun.com/bbs/bjzxlt~1056~19/51560870_51560870.htm.

[80] SouFun.com. 湖畔现代城规划图 . [2009-2-12]. http://newhouse.changshu.soufun.com/photo/d_other_16842651.htm.

[81] Robert Brickhouse. 2004 University of Virginia Teaching Awards. [2009-2-12]. http://people.virginia.edu/~jcb6t/2004%20University%20of%20Virginia%20Teaching%20Awards%2004-23-2004.htm.

[82] xiasj@ZHULONG.COM. 卡比多广场（The Capitol）. [2009-2-12]. http://photo.zhulong.com/proj/photo_view.asp?id=3325&s=11&c=208085.

[83] 乱云飞渡 @q.sohu.com. 光雾 秋色 . [2009-2-12]. http://q.sohu.com/forum/17/topic/479431.

[84] travel.dahangzhou.com. 英国巨石阵 . [2009-2-12]. http://travel.dahangzhou.com/fengjing/206/10.htm.

[85] www.langlang.cc. 设计结合自然 . [2009-2-12]. http://www.langlang.cc/1675455.htm.

[86] deds.cn. 纽约中央公园 . [2008-6-17]. http://3d.deds.cn/build/Deds29966_1.html.

[87] 佛山规划局.《佛山市城市绿地系统规划》绿色规划引领建设绿色佛山 . [2009-2-12]. http://www.fsgh.gov.cn/ghj/news/news.aspx?id=20050316181649.

[88] www.ylstudy.com. 园林学习网 . [2009-2-12]. http://www.ylstudy.com.

[89] www.landscapecn.com. 景观中国网 . [2009-2-12]. http://www.landscapecn.com.